FXトレーダーのための法人活用

古川敬之 著

セルバ出版

はじめに

優れた投資家に共通する手法はありません。共通するのは、経験を積んだすえに心理、考え方が重要だと気づいていることです。その思考と姿勢は、資金管理につながっていきます。

本書は、そのステージにあがりつつあるＦＸ投資中級者予備軍のための本です。

中級投資家は情報収集に費用を使います。おそらく、本書を手に取った方は、少なくとも万年初級者から脱出する中級者予備軍以上のステージにいるはずです。中級者は、投資に大事な「手法」「心理」「資金管理」の３つを自分なりに確立しているとも言えます。資産を効率的に増やすには資金管理の工夫が大事になってきます。

そこで、本書では「資金管理」のなかでもビークルを利用した税金のマネジメント、キャッシュマネジメントに焦点をあてています。

さて、ＦＸ取引ですが、近年はＦＸにまつわる資料情報の集積が進み、税務当局の包囲網が確実に敷かれる状況になっています

そのようななか、知ってか知らずか、法人によるＦＸ取引に魅力を覚える投資家が確実に増えています。本書は次のような方に有用だと考えています。

・ハイレバレッジを利用して法人でＦＸトレードをしたい方
・トレードで安定した利益を得られるようになってきた中級者および中級者予備軍の方

・投資をビジネスと考える方

実務に携わる者としては、法人が増えることはビジネスチャンスが増え、税理士業界にとっても嬉しいことですが、いかんせんＦＸトレーダーは、自らビジネスを興したことのない経験値の乏しさからか、法人をとりまく様々な規制を知らないまま法人を設立し、後々深刻な事態を迎えることが多いと感じています。

なぜなら、税法はＦＸによって稼いだ利益をすべて吐き出してしまいかねない強烈な法律だからです。

そこで本書は、ＦＸトレーダーに関係してくる課税当局の制度整備、法人についての基本的な解説、具体的な法人を利用しての運営、節税方法について紹介していきます。

私は仕事柄多数の専門書に目を通しますが、専門書のなかには私と同じ税務の領域においても首をかしげる箇所、解説が少なからずあります。専門家を信用しすぎず、専門家も羅針盤にすぎないことを意識するようおすすめします。

本書は、ざっくりとイメージをつかんでいただけることを目的としていますので、詳細を記していません。実際の法人の運営、節税手段の実行は専門家に相談されることをおすすめします。

平成28年６月

古川　敬之

（第４刷の本書は和令４年４月現在の状況でまとめています）

FXトレーダーのための法人活用　目次

第2章　法人活用のメリット・デメリット

第3章　ＦＸ法人のビークルを選ぶ

第4章　会社をデザインする

第5章　利益調整の二大ポイントを知る

第6章　FX法人のキャッシュマネジメント

第7章　節税の基本テクニック

第8章　タックスマネジメント　ハイテクニック

第1章　ＦＸトレーダーをとりまく個人課税の現況

1　近年のＦＸトレーダーに関係のある税制度の変遷

税務署の情報収集が強化されている

ここ数年の間、ＦＸトレーダーに関係する税をとりまく制度は様々な改正がありました。これら改正はほとんど課税のための情報収集を目的としたものです。そこで、この章ではこれら制度を簡単に解説していきます。

ＦＸトレーダーをとりまく租税制度はもとより、今後個人に対する課税環境は益々厳しくなっていくものと予想されます。

自分が変わる、変化をおこす

制度の変遷にかかわらず、お金が増える人は、何か変化をもたらすものにお金を使います。変化を怖がっていては現状維持に甘んじるしかありません。

お金を増やすには、収入を増やすか、支出を減らすかの方法しかありません。収入を増やすためのトレード技術の習熟も大切です。

一方、最も大きな支出はＦＸ業者のスプレッドではなく、間違いなく税金であると言えます。現行の税制では、ＦＸで稼いだ利益にかかる税金は、後で支払うことになっています。後で支払うのであれば、少しは対策のしようがあります。税金対策をせずに、最大限のＦＸ利益を確保することはできないのです。

ＦＸの税金対策のために変化をおこす方法として考えられるのは２つです。

①　日本を出て、外国でトレードを行う

②　個人ではなく、法人でトレードを行う

①の日本から脱出し、外国でＦＸトレードを行うには、様々な問題があります。日本の税務当局は、富裕層の持つ資産の国外流出を防ぐため、様々な制度を整備しつつあります。これら制度は後で簡単に紹介します。なお、事実上、日本のＦＸ業者は国外居住者を閉め出しています。

また、外国語、外国での生活に不安があるようでしたら、日本から脱出して外国のＦＸ業者を使ってトレードするという方法は選択肢としてありません。

②の個人の立場で日本という国にいながら、ＦＸトレードをし、徴税から自分の財産を守るには、法人という仕組みを利用するのが最も有力な手段です。

法人という法的な仕組みが持つ力、その知識を少しでも知っていただくこと、それこそが本書の狙いです。

【図表１　ＦＸトレーダーに関連する税制】

施　行	ＦＸトレーダーに関連する税制
平成 21 年１月	ＦＸ業者に支払調書制度適用開始
平成 24 年１月	ＦＸの課税が申告分離課税に一本化
平成 26 年１月	国外財産債務調書提出開始
平成 27 年７月	国外転出時課税開始
平成 28 年１月	財産債務調書提出開始
	マイナンバー制度運用開始

ＦＸトレーダーに関する税制

図表1をみると、近年急速に税務当局が情報収集の制度を整備していることがわかります。

なかでも大きく変わったのが、平成24年です。

これまで、店頭ＦＸ取引が総合課税、取引所ＦＸ取引が申告分離課税だったものを、両者の通算を可能にして申告分離課税に一本化されました。

また、総合課税では、ＦＸ取引から生じた損失は、税金を計算するうえで何の配慮もなかったのでした。それが両者の通算が認められ、損失額を3年間繰越控除することが可能になりました。

近年の税制改正では、法人税が減税傾向にあり、所得税はじわり増税傾向にあります。

なお、支払調書からＦＸ利益は、課税当局に１００％捕捉されています。ＦＸの利益から思ったより税金がとれそうだと判断されると、現行の申告分離課税から総合課税への転換を検討されると個人的には思います。

2　FXトレーダーの個人課税

個人が行うＦＸ取引に対する課税

現在個人がＦＸ取引により得た利益に対しては、雑所得の申告分離課税として一律20・３１５％（所得税15・３１５％、住民税５％）が課されます。

ＦＸ投資と他の投資所得の違い

現在、この約20％の税率は、他の金融所得に対する課税と比べて、高いものでも低いものでもありません。

例えば、金融機関に預けた預金から得られる利息は、利子所得として同じ税率が課されています。上場株式の保有から得られる配当金に対しても、配当所得として同じ税率が課されています。上場株式を売却して得た売却益についても、株式等に係る譲渡所得として同じ税率が課されています。

このように現行制度では、身近な投資から得られる利益に対しては、同じ税率を課すことによって課税の公平を保とうとしています。そのうえ、個人に課される超過累進税率55％と比べると一律約20％は低いともいえます。所得が1億円だとすれば、その差は歴然です。

ただ、決定的に違う点があります。利息、配当、株式譲渡益は、あらかじめ税が差し引かれて、受け渡されます。

あらかじめ税が差し引かれることを、源泉徴収といい、金融機関、証券会社が法律に則って源泉徴収を行っています。源泉徴収された税金は、個人に代わって、金融機関、証券会社が国・地方に納税しています。つまり、個人が行うには面倒な納税手続を代行しています。

また、国・地方側としても、多くの国民に納税手続をお願いするより、組織がしっかりした金融機関、証券会社に代理で納税を行ってもらうほうが確実に税を徴収できるというわけです。

ＦＸの利益からは源泉徴収されていない

誤解されている方が少なくないのですが、ＦＸ取引による利益は、源泉徴収されることなく、ＦＸ口座を通じて受け取っています。ＦＸ業者は、法律で定められていない以上、源泉徴収を行う必要がないのです。

ＦＸによる所得は確定申告が必要になる

原則として、ＦＸで得た利益については確定申告をする義務があります。確定申告は自主的な手続です。源泉徴収がしっかり行われていれば、課税当局としても課税漏れが生じていませんので、とりわけ問題にすることはありません。

ところが、ＦＸについては、確定申告をしない、無申告状態が多く、課税当局としては見逃すことがはできない規模になってしまいました。そこで導入されたのが支払調書制度です。支払調書制度については後述します。

ＦＸをしていても確定申告が不要な場合もある

収入がＦＸのみで、その年中のＦＸ利益が所得控除の合計額に満たない場合、確定申告義務はありません。そのほか、ＦＸ投資をしていて確定申告不要になるのは、次のケースになります。

・その年中の給与が2，０００万円以下であって、ＦＸによる所得とＦＸ以外の所得の合計が20万円以下である場合

・その年中の公的年金等の収入金額が４００万円以下であって、ＦＸによる所得とＦＸ以外の所得の合計が20万円以下である場合（ただし、市町村に確定申告する）

投資からの所得以外の税金のかかり方

個人に税金を課税する税率には、大きく分けて比例税率と超過累進税率があります。給与所得、不動産所得、事業所得を中心に超過累進税率だとザックリ押さえてもらってかまいません。なお、所得によっては、所得区分が細分化され、比例税率のものもあれば、超過累進税率のものもあります。ここでは、給与所得は超過累進税率、ＦＸによる利益は雑所得（申告分離課税）で比例税率と押さえておけば十分です。

3　個人課税のデメリット

経費として認められるものが限られる

主な経費は図表2のとおりです。レシートで十分ですので、しっかり保存・管理をしましょう。交通費などレシートがもらえないものは、メモ等で記録に残しておくことが大切です。

【図表2　経費として認められるもの】

・取引口座開設費用
・送金手数料などの銀行手数料
・ＦＸ投資のセミナー受講費用及びその交通費、宿泊費
・ＦＸ関連書籍・雑誌の購入代
・インターネット等の通信費のうちＦＸ取引に必要な部分と主張できるもの
・取引ツール（ＰＣ、タブレット、スマホ）　※全額は難しい
・売買プログラムの購入費用

取引に損失がでても他の所得と通算できない

ＦＸ取引は、申告分離課税で「先物取引に係る雑所得」になります。ちなみに株式の売買取引は、申告分離課税で「株式等に係る譲渡所得」になります。

これらの所得は、不動産投資の損失、フリーランス、自営業者の自らのビジネスの損失と相殺することはできません。

損失の繰越が３年間しかできないこと

その年中のＦＸ取引で損失が生じた場合、損失の金額が生じた年の翌年以降3年間にわたって、翌年以降利益が生じた年分の「先物取引に係る雑所得の金額」を限度として損失を相殺することができます。

ただし、所定の書類を確定申告書に添付し、その後続けて所定の書類を添付した確定申告を続ける必要があります。これを「先物取引の差金等決済に係る損失の繰越控除」といいます。

国民健康保険税などに影響がある

国民健康保険に加入している場合、ＦＸ利益の申告により所得金額が増加するため、国民健康保険税、後期高齢者医療保険料、介護保険料が増加する場合があります。

都道府県・市町村によって取扱いが違いますので、確認してください。

ＦＸ業者に預けている財産は相続財産にカウントされる

ＦＸ業者に預けてある証拠金、未決済損益、スワップポイントも財産です。ＦＸトレーダーの死後、遺族は、死亡した者のその死亡した年分の確定申告（「準確定申告」といいます）を行うことになります。残した財産の額次第では、相続税申告の対象になります。

自分の死後相続税がかかると予想される場合には、無防備な状態です。

また、ＦＸ業者は、通常郵送物を送らず、ネット上で完結させますので、遺族が口座の存在に気づきにくいという問題があります。

4　支払調書の提出

支払調書制度とは

支払調書とは、法律上、決められた取引について、その年中支払いが確定したものについて、税務署に報告する書面です。

ＦＸ取引に関して無申告状態が多いことに業を煮やした課税当局は、ＦＸ業者に対して、平成21年1月1日から行われるＦＸ取引については、支払調書を提出しなければならないと法律を定めました。つまり、平成21年分の確定申告から劇的に流れが変わったのです。

ＦＸ業者が、ＦＸトレーダーがＦＸで獲得した利益について、税務署にその年の翌年1月31日までに支払調書を提出します。

事実上、ＦＸ取引のすべてが捕捉されるようになった

この支払調書は、その年中のＦＸ取引がマイナスであっても税務署に提出されます。

したがって、複数のＦＸ業者を使っている場合、そのすべてのＦＸ業者のアカウントのプラスマイナスを通算した数値を税務当局は把握することが可能です。こうして、ＦＸ取引のすべてが、把握されている以上、ＦＸによる利益の過少申告、無申告は隠しようがありません。

5 国外財産調書の提出

【図表３　国外財産調書制度の概要】

①国外財産調書を提出しなければならない者 確定申告書の提出の有無を問わず、その年 12 月 31 日における国外財産の保有が 5,000 万円を超える者 ②提出先・提出期限 所轄税務署にその年の翌年３月 15 日まで ※ ③記載にあたっての注意点 財産債務調書を提出する場合には、国外財産調書に記載した財産については、財産債務調書への記載を省略可 5,000 万円の判定には、国外財産から国外債務を差し引かず、財産の価額で判定 ※令和５年分以後は６月 30 日まで

国外財産調書制度創設の背景と国税庁の狙い

課税当局は、富裕層の財産の国外移転に悩まされてきました。相続税課税を適切に行うため、国外財産を調査するのは、国内にある財産を調査するのと比べ、難しいことは容易に想像できます。そのため、富裕層の情報管理が重要視されています。

そこで、国外財産の捕捉のために国外財産調書の制度が整備され、平成26年1月から施行されています。

ＦＸトレーダーが注意すること

海外所在ＦＸ業者に入金している取引証拠金の扱いは、国外財産になります。図表3の5，000万円の判定において、取引証拠金の価格には、未決済の含み益・含み損を加算・減算した金額をカウントします。

6　国外転出時課税の実施

国外転出時課税制度創設の背景と税務当局の狙い

徴税という点において、日本国内の個人をとりまく環境は、ますます厳しくなっていくと予想されます。そこで海外脱出により日本より税負担が軽い国に居住する人も少なくありません。例えば、株式のキャピタルゲインについては、株式を売却した者の居住地、その国に課税権があります。

少し前まででですが、これを知った富裕層は、キャピタルゲイン課税が低い国に移り住むことで、税負担を抑えることを実現させていました。

このような節税策を封じ込めるため、日本の税務当局は、国外転出時課税という制度を平成27年7月より施行しました。この制度は、国外転出時に保有している有価証券の譲渡があったものとみなして課税する制度です。

国外転出時課税制度の概要

国外転出時課税制度の概要は、図表4のとおりです。

国外転出とは、日本に住所・居所を有しない状態になることをいいます。

【図表４　国外転出時課税制度の概要】

①対象者
・国外転出時の直近10年間において通算して日本国内在住期間が５年を超え、対象となる有価証券を国外転出時に１億円以上有する者
②対象となる有価証券など
上場株式、非上場株式、投資信託、未決済の信用取引、未決済のデリバティブ取引（ＦＸ）など
③提出期限
・納税管理人の届出をしている場合は、国外転出の翌年３月15日まで
・納税管理人の届出をしていない場合は、国外転出の日まで

納税管理人は、これらの状態にある者の確定申告書の提出、税金の納付などを行います。納税管理人には、法人、個人のどちらでもなることができます。

ＦＸトレーダーが採るべき対応

国内ＦＸ業者の多くは、口座開設者が国内に住所を有しなくなることをよしとしません。

そうなった場合には、口座の解約、凍結といった対応が採られます。

業者に国外転出の旨を伝えなければ、口座解約・凍結を免れるとも考えられます。

ただ、課税問題は残りますので、国外転出の前までにＦＸのポジションは、完全に整理しておくことをおすすめします。

国外転出時課税の影響を非上場株式に限定できるように、上場株式、投資信託、ＮＩＳＡの整理・見直しをするとよいでしょう。

7　財産債務調書の提出

財産債務調書制度創設の背景と国税庁の狙い

従来所得金額が2，000万円を超える個人には、「財産債務明細書」の提出が求められていましたが、提出率はあまりにも低いものでした。国税庁は、富裕層の財産・債務の状況に関する詳細な情報収集のため、提出制度を見直すことにしました。

平成27年分の確定申告から、高所得で一定の資産条件にあてはまる方については、併せて「財産債務調書」の提出が求められるようになりました。

財産債務調書制度の概要

財産債務調書制度の概要は、図表5のとおりです。

財産の価額の判定には、国外にある財産を含みます。この財産の価額には、特定口座、ＮＩＳＡ口座にある有価証券の価額も含まれます。債務の金額は、財産の価額の判定の計算上、マイナスとして計算することができません。

なお、国外財産調書の提出義務者は、提出する財産債務調書には、国外財産の詳細を記載する必要はありません。

【図表５　財産債務調書制度の概要】

①財産債務調書を提出しなければならない者
・その年 12 月 31 日において３億円以上の財産を有していて、その年中のＦＸ利益による「先物取引に係る雑所得の金額」と他の所得の金額（退職所得を除く）の合計が 2,000 万円を超えている者
・その年 12 月 31 日において有価証券等１億円以上を有していて、その年中のＦＸ利益による「先物取引に係る雑所得の金額」と他の所得の金額（退職所得を除く）の合計が 2,000 万円を超えている者
②提出先・提出期限
所轄税務署にその年の翌年３月 15 日まで※
※令和５年分以後は６月 30 日まで

ＦＸトレーダーが注意すること

先物取引の差金等決済に係る損失の繰越控除がある場合には、控除した後の金額を使用して２０００万円の判定を行います。また、「有価証券等1億円以上」の判定には、未決済のＦＸの含み益・含み損を加算・減算した金額を使用します。

ＦＸ法人を設立した場合、保有する株式・出資金は判定対象の有価証券に含まれます。また、法人にお金を貸している場合は、その貸付金の金額も財産となります。

前述の国外財産調書と比べ、財産債務調書は提出することになる可能性が高いといえます。一旦提出要件に該当することになると、なかなか要件から外れにくく、毎年提出が必要になります。

税務署の立場にたつと、前年との記載内容の増加差異、減少差異の理由が読み取れない場合もあろうかと思います。この場合、提出義務者は「お尋ね」の対象となる可能性が高まると考えられます。

8　マイナンバーの提示

マイナンバー創設の背景と国税庁の狙い

マイナンバーは、社会保障や税のために個人を識別するための12桁の番号です。平成28年1月から利用開始されました。課税逃れ、徴税洩れを捕捉するために税務当局は、多くの情報を収集していますが、なかなか同一の者の情報であるかは、確認に時間がかかっていました。

そこで、マイナンバー制度を導入することによって、個人ごとの名寄せ、申告書の突合せを効率的に行うことができ、課税漏れを減らすことができます。

法人には13桁のマイナンバーが割り当てられます。

ＦＸトレーダーへの影響

・平成28年分の確定申告書から必要になった
・ＦＸ業者へマイナンバーの情報提供が必要になった

ＦＸ業者では、税務署に提出する支払調書作成のため、すべての顧客を対象にマイナンバーの提示をお願いすることになります。繰り返しになりますが、すべてのＦＸ取引による利益は、税務当局に把握されることになります。

第2章　法人活用のメリット・デメリット

1　ＦＸ取引における法人活用のメリット①　ハイレバレッジを利用できる

ハイレバレッジの利用

個人のＦＸ取引には、25倍のレバレッジ規制があります。25倍となったのは、最近のことで、平成22年には50倍、平成23年に現行の25倍と規制されました。

一方で、法人のＦＸ取引にはレバレッジ規制がありません。ないといっても、業者は１００〜４００倍程度に設定しています。高レバレッジを利用して取引できることが、法人を利用する最大の魅力です。

ハイレバレッジのメリット

「ＦＸ投資トレーダーの９割が損をしている」こんな言葉を頻繁に見聞きします。

そもそも、ＦＸではなくても、株式取引でも、結果的に投資に手を出した者の９割は損をしているのだと思います。

でも、本書を手に取るまでに辿りついた方は、10％の勝ち組に入れるところまで、努力を重ねた方が多いはずです。

そんな方たちに、「ハイレバレッジは危険だからやるな」と言っても一笑されるだけです。むしろ、このレベルの方にとって、ハイレバレッジは、危険でもなんでもありません。危険なのは、自分の心の内にある欲望に基因すると知っているのですから。

要はリスク管理の問題です。

ハイレバレッジ取引が可能であっても、25倍のレバレッジ規制がされているつもりで、これまでどおりトレード枚数が変わらないとすると、１００倍のレバレッジなら、ロスカットまで耐える余力が4倍になっていることになります。予期せぬ急な為替相場の変動があっても、生き残れる確度は、著しく上昇します。つまり、より安定したトレードができるのです。

ですから、人によっては、ハイレバレッジはむしろ安全なのです。ハイレバレッジがハイリスクなのではなく、リスクが大きいというのは、ハイレバレッジにより投資規模が大きくなったからなのです。

2　法人活用のメリット②　一般編

決算期を自由に決めることができる

個人の事業年度は暦年、つまり12月決算で変更の余地はありません。一方で、法人の場合は、事業年度を何月にしても問題ありません。さらに途中で事業年度（決算月）の変更も認められます。

ただし、1年を超える事業年度は認められません。

変更する場合は、必ず1年未満の事業年度が生じることになります。決算期変更は節税になることもあります。

会社を利用して自分を守ることができる

会社と個人の財産は、法律上切り離して考えるべきものになります。したがって、個人が負うべき債務は、法人の財産から弁済する必要はありません。

つまり、個人でものを持たず、法人にモノを持たせておけば、すべてを失うことはないのです。

これは相続税を考えると、よりはっきりイメージできます。

なぜならば、法人に溜まった財産は、最終的に法人株主に帰属します。株主の全部または一部が配偶者、子でしたら、その分相続税の負担が減少します。

3　法人活用のメリット③　税務編

損失の通算

個人に対して行われる課税において、ＦＸ取引は、申告分離課税で「先物取引に係る雑所得」になり他の所得と通算できませんでした。

法人では、個人課税のように所得態様に応じた課税といった税金計算とは異なり、すべての取引態様からなる利益、損失を通算して所得計算を行います。

したがって、今までＦＸの雑所得の経費にならなかった興味をもったビジネスすべての研究に使用する書籍などを経費にすることができます。

個人課税の世界では、所得区分に応じた収入に対応する費用しか認められません、法人では、その費用に対応する収入がゼロであっても経費として認められます。

法人の経費枠を存分に使える

会社の事業活動に使われる出費は経費です。一方で、会社の事業活動に関係ない出費は経費にできません。

そのことを意識して法人の経費を最大限にすることが節税につながります。

経費になるか否か、判断に迷った場合は、次の３点から判断するようにしましょう。

①事業との関連を明確に説明できるか
②常識の範囲内か
③良心の呵責はないか

税務職員から尋ねられたら、説明責任は会社側にあるのですから、事業との関連性を良識・常識の範囲を超えないよう説明できる必要があります。

なお、何を経費にしないかを決めておくことも大切です。

損失の繰越しが10年間できること

個人では、その年中のＦＸ取引で損失が生じた場合、損失の金額が生じた年の翌年以降３年間にわたって、翌年以降利益が生じた年分の「先物取引に係る雑所得の金額」を限度として損失を相殺することができます。

対して、青色申告の法人の場合、損失の繰越しが認められるのは、平成30年４月１日以降に開始する事業年度から10年間になります。

この特例は、青色申告で資本金１億円以下の中小企業が対象になります。

損失の繰戻し

法人の場合、前述の繰越しの反対である繰戻しが認められます。今期の損失を前期の利益と相殺することができます。

ただし、国に支払う法人税にかぎって使用できます。都道府県および市町村に払う法人税については、前述の繰越ししか認められていません。

この特例も、青色申告で資本金１億円以下の中小企業が対象になります。

役員給与を使って所得の分散ができる

会社の役員には、代表者のほか、代表者の配偶者、親族が就任するケースが多々あります。これらの役員に対し、常識の範囲内で役員報酬を支給すれば、会社の経費を増やすことができ、本来代表者に帰属する所得を分散することができます。

所得分散の結果代表者の所得が少なくなり、個人の超過累進税率が緩和されます。したがって、役員にできる者が多ければ多いほど税金が少なくなります。

給与所得控除の適用

役員給与については、給与所得控除（概算必要経費）の適用が受けられます。給与所得控除は、最低55万円です。給与所得者は誰でも最低55万円の経費がかかったものとして計算しようというものです。

したがって、役員が多ければ多いほど、実質的に55万円の人数分が非課税枠になります。

役員退職金を支払うことができる

個人の所得のなかでも、とりわけ税制面で優遇され、税率が低いものが退職金にかかる税金です。役員である期間が長ければ長いほど税の優遇があります。

個人と法人の税率差が活用できる

個人が会社から給与を受けた場合、給与収入は給与所得とされます。給与所得は、所得税の計算上、超過累進税率が適用されます。住民税は比例税率による10％となっています。超過累進税率は、所得税と住民税を合算すると7段階になっています。最低15%、20%、30%、33%、43%、50%、最大55%です。超過累進税率では、所得が増えるほど税負担が増加します。

一方で、法人税の税率は、比例税率です。とはいっても、法人税は、国税のみならず、都道府県や区市町村に納める税金の総称です。したがって、地域によって若干差があります。加えて利益の額によっても差がありますので、なかなか答えるのに窮するところなのです。ざっくりと23%から30%の間になると押さえておけばよいでしょう。

税率の差を活用するとは、法人税率より低い個人の超過累進税率を受けることができるように、法人所得を給与所得に転換することです。

つまり、超過累進税率20%で個人課税を受けられるようであれば、税率差活用の目的は達成されるといえます。

生命保険料を経費にすることができる

一般生命保険料は、個人の所得税計算では、生命保険料控除として5万円、平成24年以降の契約では4万円が受けられます。

はっきりいうと、個人でどれだけ一般生命保険料を支払っても最高で5万円、あるいは4万円しか個人の税金計算上は所得控除（経費）になりません。

しかしながら、法人が役員に生命保険料をかければ、支払保険料の全額、あるいは半額が法人の経費になります。

会社の株式等を親族が所有することで相続税対策

会社の株式・出資金は、財産です。個人で会社の株式・出資金を所有しているならば、相続財産になります。

本来個人の懐に入るべき収入を会社に移管することにより、会社の財産は増加します。会社の財産は最終的に株主に帰属するものです。

したがって、株式の所有を下の世代にすることで、相続税を減少させる効果があります。

また、下の世代が会社から役員給与の支給を受けているならば、実質的に生前贈与を受けているのと同じ効果となります。

4　法人活用のデメリット①　会社設立費用&維持費用

会社設立費用がかかる

会社設立フローは、書類作成、定款認証、登記に分けられます。すべて専門家に依頼するのであれば、司法書士に依頼するのがベストです。書類作成など自分ですることもできますが、時間の節約と書類のクオリティを考えれば、自分で行うメリットは小さいと思います。

特に株式会社設立の場合は､司法書士が行う電子定款の分だけ収入印紙代４万円が節約できます。

自分で電子定款を行う設備を整えるのは、その後につながる投資とはいえません。

なお、会社設立費用は、会社が誕生する前に発生しますが、会社の費用として認められます。

設立せずに休眠会社を買い取る

会社には事業活動をせずに休眠状態のものがあります。休眠会社を買って、自分の会社にすることもできます。

結論からいうと、おすすめできる方法ではありません。

株式譲受を約する書面（契約書）の作成、役員変更登記、定款変更など手間があります。

さらに、休眠会社には、金融機関以外からの借入金が残っている場合があります。お金を貸している側では債権になり、債権放棄してもらう必要があります。この債権を巡ってトラブルが潜んでいることが多いです。

FX法人をつくる場合の注意点

会社設立には司法書士がベストだと述べました。ところが、税理士からみると具合がよろしくない法人が見受けられます。

FX法人の主な目的が節税にあるのですから、FXの節税のために有利な設立のしかたをアドバイスしてくれる税理士と提携している司法書士、あるいはそのような税理士と身近に相談できる環境にある司法書士に相談するようにしましょう。

会社維持運営にお金がかかる

個人の確定申告書作成には、手書き、または自分で会計ソフトを利用して済ませている人も多いと思います。

法人の確定申告書は、個人の確定申告書と比べて複雑怪奇で、少なくとも５倍以上の書類を作成すると考えてもらっていいです。事務負担は確実に増え、失う時間は膨大になるでしょう。

そうしたこともあって、多くの法人が税理士に会計事務、決算、税務申告を一括で依頼しています。依頼すれば、当然料金がかかりますので、維持コストといえます。

5　法人活用のデメリット②　税金&社会保険

会社は存続するだけで最低税金７万円がかかる

会社の利益に対して課税されるのが法人税です。赤字であれば、法人税は課されません。ところが、赤字であっても払わなければならない税金があります。住民税均等割と呼ばれる税金です。

会社の資本金の多寡、会社の所在する地域によって微妙に差がありますが、年間最低７万円の税金がかかります。

社会保険加入が必要になる

原則として、役員一人であっても法律上社会保険（健康保険、厚生年金）に加入する必要があります。しかしながら、社会保険に加入していない企業も事実上相当数にのぼります。マイナンバー制度導入で、日本の財政に最もインパクトがあるのが厚生年金保険の未加入の問題といわれています。未加入の企業から年金保険料を集めることができれば、厚生年金の原資の増加が見込まれます。

ＦＸ法人の社会保険加入事情

ＦＸ法人を主宰する者の個別の事情にあわせて対応することになります。例えば、役員給与がゼロの場合は、社会保険の加入義務はありません。

ＦＸ法人の潜在的な相続税課税リスク

ＦＸ法人は、ＦＸの主宰者が会社に自分のお金を貸し付け、そのお金をＦＸ業者に預けている形態を採っています。この貸付金は、ＦＸの主宰者にもしものこと、相続が発生してしまうと、相続財産としてカウントされてしまいます。

例えば、３，０００万円の貸し付けがあれば、相続税評価額は３，０００万円です。平成27年からの相続税の基礎控除は３，０００万円、加えて法定相続人の数に６００万円を乗じた金額を加算した金額ですので、ほかに財産があると、ゆうに相続税の基礎控除の範囲を超えてしまい、相続税の申告義務が発生してしまいます。この貸付金の評価を減額できる方法はありません。

なお、主宰者の立場からは「貸付金」ですが、会社の立場からは「借入金」になります。いままでＦＸトレードが順調でしたら、法人は最終的に借入金を相続人に返却できますので問題ありません。

ところが、一度大きなロスカットを受けてしまいますと、借入金に釣り合うだけの取引証拠金は残っていないと思います。そんな状態で相続が発生してしまいますと、相続人は、あってないような貸付金（債権）に係る相続税を負担することになってしまいます。

一貫して個人でＦＸトレードをしているのであれば、ロスカットはイコール資産の喪失ですので、このような幻の財産にかかる相続税の課税問題は生じません。法人を使っているからこそ起こり得る問題です。

個人より法人のほうが税務調査になりやすい

納税者全体のうち税務調査が実施された件数の割合を実調率といい、毎年国税庁から公表されています。

近年の実調率は、個人事業主は約1％となっています。対して、法人は約4％です。法人よりも個人の申告者の数が多いので、このような結果になっています。

これでも少し昔と比べると、実調率は、個人、法人ともに約二分の一になっています。

この間、税務署の職員数は微減に留まっています。個人、法人とも申告件数は増加傾向にあり、より悪質な案件に注力し、小さな案件は「お尋ね」からの自主修正を促しているといえます。

この個人の実調率には、自営業者だけではなく、資産運用を行っている個人に対しての調査も含まれています。ＦＸの利益はＦＸ業者からの前章で説明した支払調書から１００％把握されています。

税務署から「お尋ね」の書面が届いたら、速やかに修正申告、期限後申告を済ませるべきです。

6　法人活用のデメリット③　その他

会社のお金を自由に使えない

法人の利益は法人に帰属します。つまり、法人の儲けたお金は、法人のものです。法人がお金を使う目的は、最終的には儲けに繋がることにあります。

法人が支払う給与は、法人に儲けをもたらすことを期待しての労働への対価です。

サラリーマンが会社から給与以外のお金をもらえないように、実質的に会社を支配している役員であっても、給与以外で法人からお金をもらうことはできません。勝手に法人のお金を引き出したり、使い込むとおもわぬ課税問題が発生します。

ＦＸ法人の取引証拠金の調達の源泉が役員にあること

法人がＦＸ業者への取引証拠金を資本金以外から工面する場合には、法人が役員からお金を借りる形態を採ります。この形態を会社の帳簿上「役員借入金」と表します。

役員の立場からすると、最終的にお金を取り戻せない事態になる恐れがあります。

なお、会社のお金は自由に使えないといっても、役員借入金の額の範囲内であれば、その法人の役員は、法人からお金を引き出すことが可能であり、帳簿上問題ありません。

7　法人でＦＸ取引を行う場合、メリットにもデメリットにもなるもの

法人が行うＦＸ取引では未実現の利益にも課税

個人が行うＦＸ取引では、実現した利益に課税されます。

対して、法人が行うＦＸ取引では、法人の事業年度の終了の時において未決済となっている建玉がある場合には、その建玉の評価益又は評価損を、それぞれ利益、損失としてカウントします。

つまり、未実現の利益、損失とも損益計算に取り込まれます。

したがって、評価損失があれば有利、評価益があれば不利になります。

すると、次のようなトレード手法が考えられます。

期末においては、普段よりポジションの逆張りが有効になります。逆張りの結果、期末に含み損失が一時的に膨らんでも、期末時点でのＦＸ法人の利益は圧縮され、結果的に法人税を縮減できることになります。

なお、ＦＸ法人の期末において、未決済のポジションを残す人は少ないように感じます。取引証拠金を引き出すことによって、取引証拠金の残高を区切りのよい金額に調整しています。

このようにすることで、気持ちを新たにし、翌年度に入ってからの儲けの程度をすぐ把握できるように工夫しているようです。

第3章　ＦＸ法人のビークルを選ぶ

1　利益を溜める器、ビークル

投資家の道具としてのビークル

ビークル（Ｖｅｈｉｃｌｅ）とは、車両の総称、乗り物、媒介物、媒体を意味します。移動のための道具、仲立ちをするものと捉えることができます。

車や乗り物は、歩くより速く目的地まで私たちを連れていってくれます。目的地まで連れていってくれる道具です。

本書で紹介するのは、ＦＸトレーダーが資産を築くスピードをあげるための法人という道具の使い方です。法人は、投資利益、投資規模の拡大スピードを上げる道具、加速装置といえます。

また、法人は、個人であるＦＸトレーダーとＦＸ業者をつなぐもの、仲立ちになっています。そう考えると、ビークルという言葉がピッタリだと筆者は思うのです。

スピードアップという目的を達成するためには、道具の使い方を知ることが大切です。残念ながら万能なビークルはありません。ＦＸトレーダー個人の属性、バックグラウンドによっては、使うべきビークルが違うということは当然あるのです。

この第3章では、ＦＸトレードのビークルとして利用可能性のあるものを紹介していきます。

よく利用されるビークル

会社といってまず頭に浮かぶのは株式会社です。看板等でみかける有限会社は、今となっては設立することができなくなってしまいました。

株式会社は、会社法に基づき設立されます。会社法では、大きく分けて法人を株式会社と持分会社に区分しています。

持分会社として、合資会社、合名会社、合同会社の3形態があります。

つまり、会社法では４形態の法人が設立を認められています。

そのうち合同会社は、２００６年の会社法制定によって新たに設立が認められた会社組織で、株式会社に次ぎ、設立が多い形態です。

どのような会社を設立するかと考える場合、多くは株式会社か合同会社の二択になると思います。

利用可能性があるビークル

法人だけでなく組合も含めて広く事業体と呼ばれます。事業体イコールビークルです。

組合には、民法上の組合である任意組合、商法上の組合である匿名組合、そのほか有限責任事業組合、投資事業有限責任組合といったものがあります。

本書では、組合のうち有限責任事業組合について言及していきます。また、後述第7章13のオペレーティングリースでは、任意組合、匿名組合が利用されます。

2　株式会社

最もメジャーなビークル

社会的信用、認知度、イメージを考えると最も選択されるのが株式会社です。会社法が最低資本金制度を廃止する前までは、株式会社設立にあたって資本金1，０００万円が必要でしたが、現在は資本金1円で設立が可能となっています。

また、会社の運営に必要な役員数も、以前は最低3人からでしたが、現在は1人とされています。

これによって、株式会社設立のハードルが下がっています。

株式会社の特徴

出資者と経営者が分離されています。とは言っても、中小企業では出資者と経営者が同一であることがほとんどです。

権限や利益の配分（配当）は、原則的に出資額に比例したものとなっています。

つまり、意思決定は、原則として出資額に応じて票数が割り当てられ、多数決で行われることになります。こうして、株主総会により意思決定を行います。

中小企業の場合、ほとんどの出資は事業を主宰しようとする者により行われていますので、株主総会を通じて自ずと自らが経営者として選任されることになります。

株式会社は営利事業であること

国家公務員、地方公務員は、国家公務員法、地方公務員法で、営利事業を営むこと、会社の役員就任を禁止されています。ただし、株式会社に出資することは問題ありません。また、後述しますが、合同会社への出資は、営利事業への参加になりますので、法に反すると解します。

株式会社のメリット

株式会社のメリットは、次の２点です。

・知名度・信用度が高い
・出資者以外から役員を選べる

株式会社のデメリット

株式会社のデメリットは、次の３点です。

・設立費用（定款認証費用、登録免許税15万円）が高い
・決算公告義務がある（官報掲載費６万円）（事実上、無視されています）
・役員の任期がある（任期が切れる度に、重任登記費用１万円）

3　合同会社

まだまだ歴史が浅い新しい会社形態

合同会社は平成17年「新会社法」を根拠法として設立ができるようになりました。合同会社を英語では、Ｌｉｍｉｔｅｄ Ｌｉａｂｉｌｉｔｙ Ｃｏｍｐａｎｙといい、略してＬＬＣと紹介されることもあります。

合同会社に限らず、持分会社全般にいえることですが、イメージが沸きにくく、世間一般ではよくわからないもののようです。合同会社は、現在では設立できなくなった有限会社の代わりの立ち位置です。出資金1円で設立が可能で、運営に必要な社員は1人です。

合同会社の特徴

合同会社をはじめ持分会社に特有な言葉遣いがありますので、少し説明しておきます。

株式会社では株主といいますが、持分会社では社員といいます。

株式会社では経営陣を役員といい、役員には代表取締役、専務取締役、常務取締役という呼称があります。合同会社では、代表社員、業務執行社員といいます。

出資者イコール社員であり、社員イコール代表社員または業務執行社員なのです。つまり、出資

【図表６　合同会社のメリット・デメリット】

メリット	・株式会社に比べて設立費用（定款認証費用、登録免許税６万円）が安い。 ・決算公告義務がない（官報掲載費６万円不要） ・役員の任期がないため、重任登記不要（株式会社は任期がきれる度に、重任登記費用１万円） ・損益の分配を出資比率に関係なく決定できる
デメリット	・世間一般になじみが薄い ・出資者以外から役員を選べない

しなければ、経営に参画することはできません。

合同会社の特徴は次のとおりです。

・機関設計が柔軟、簡易な組織形態であること
・社員の責任が有限責任であること
・社員自らが会社の業務を行うこと
・社員は法人でもよいこと

法人が業務執行社員になれるということは、法人が役員になれるということです。

この点は株式会社にはないものです。しかも法人に役員報酬を支給できるのです。法人に支払う役員報酬についても、第5章で説明する定期同額給与が適用されます。

合同会社のメリット・デメリット

合同会社のメリット・デメリットは、図表6のとおりです。

4　一般社団法人

公益事業だけに限らない

一般社団法人とは、「一般社団法人及び一般財団法人に関する法律」に基づき設立される法人です。

一般社団法人というと、何やら立派な公益性の高い事業を営んでいるかのイメージを抱きがちです。平成20年の法改正により、公益性が認定された法人を公益社団法人、それ以外を一般社団法人とすることにしました。

一般社団法人は、事業内容に制限がなく、営利事業を営むことができます。家族で運営することもできますので、株式会社や合同会社と同じくFXトレードの器として利用可能です。設立コストも合同会社と同程度ですので、人によっては、こちらをおすすめすることもあります。

株式会社との比較

一般社団法人と株式会社の比較を簡単に図表7にまとめました。

一般社団の設立には、最低2人が必要とされていますが、設立後は1人で大丈夫です。ここでいう「社員」とは、従業員を意味するものではなく、メンバーといった具合に考えます。

また、社員には法人がなることもできます。

【図表7　一般社団法人と株式会社の比較】

	一般社団法人	株式会社
設　立	社員2人以上	株主1人以上
事業内容	非営利事業 営利事業	営利事業
期間設計（最低限）	理事（1人） 社員総会	取締役（1人） 株主総会
資金調達の名称	・基金 ・借入	・資本金 ・借入
持　分	なし	あり
配　当	不可能 ※残余財産の分配は工夫次第	可能 ※残余財産の分配可

社員がゼロになってしまうと解散事由になってしまいますので、配偶者や親族、支配下にある法人を社員に加えておくのも一案です。

一般社団法人のメリット

一般社団法人と株式会社の大きな違いとして、持分の有無、配当の可否の2つがあります。トレードの器としてすすめる理由（メリット）がここにありますので、これらは後述します。

法人税の計算は、株式会社・合同会社と同じ

税務上の区分として一般社団法人は、「公益型」「非営利型」「普通法人型」に分けられます。

本書においては、利用が想定される「普通法人型」に限定します。

「普通法人型」の一般社団法人の法人税の計算は、株式会社、合同会社と同じです。

5　ＬＬＰ（有限責任事業組合）

営利を目的とした共同事業

ＬＬＰとは、「有限責任事業組合契約に関する法律（以下「ＬＬＰ法」という）」に基づき設立される組合です。有限責任事業組合を英語では、Ｌｉｍｉｔｅｄ　Ｌｉａｂｉｌｉｔｙ　Ｐａｒｔｎｅｒｓｈｉｐといい、略してＬＬＰと呼ばれます。

ＬＬＰは営利を目的とした共同事業のための組織です。ＬＬＰには法人格はありません。それでも、株式会社、合同会社、一般社団法人と同じくＦＸトレードの器として利用可能です。設立コストも合同会社と同程度ですので、人によっては、こちらをおすすめすることもあります。

ＬＬＰは組合です。組合の構成員数は2からです。人でも法人でもなることができます。これらを組み合わせることで経済的メリットを図ることができます。

ＬＬＰのメリット

ＬＬＰのメリットは3点といわれ、うち一つが、出資者の責任が有限責任である、と紹介、解説されます。

無限責任とされると万が一のことを思い浮かべ、心理的な負担感は相当なものがあります。有限責任といった法的枠組みを用意しても、わが国では代表者の私財を押さえられ、こんなものはあってないようなものです。だから、メリットでもなんでもありません。

本当のメリットは、後述する2つで、パススルー課税、損益分配にあります。

ＬＬＰのデメリット

なんと言っても知名度が低いことが一番です。近頃新たな解説本や制度導入当初の既刊書の改訂版も出版されないため、実務の現場では、専門家のサポートを得られにくくなっています。

最大の特徴はパススルー課税

合同会社（ＬＬＣ）はれっきとした法人ですが、ＬＬＰには法人格がありません。どちらも出資することで事業に参加します。その出資の受け皿（ビークル）の段階において課税のされ方が違います。ＬＬＣはビークル段階で法人課税を受けます。

一方で、ＬＬＰは法人格がないので、法人税課税が行われません。けれども、ビークルとして会計単位になっています。会計単位で利益計算をして出資者に会計報告を行い、その会計報告に基づき、出資者が税務申告を行います。

法人が出資者であれば、法人税課税になり、個人が出資者であれば、所得税課税になります。つまり、ビークル段階で課税されず、直接出資者に課税されます。これをパススルー課税と言います。

損益分配

原則的に株式会社の利益分配、配当金を受け取る権利は、出資割合に応じたものになります。LLPは、利益がでたときも、損失がでたときも、損益分配を行います。これがLLPのパススルー課税です。

利益がでた場合は、出資者の損益計算に利益として取り込み、その利益に相当する金銭の分配を受けます。

損失が出た場合は、金銭の分配は行われず、出資者の損益計算に損失として取り込みます。

LLPは出資者全員の同意があれば、損益分配の割合を自由に決めることができます。

ただし、その損益分配割合は経済的に合理的でなければなりません。ここは税務を考えるうえでは大変重要な部分となっています。合理性がない場合には、税務当局から否認される恐れがあります。

LLPから株式会社、合同会社へ組織変更はできない

LLPはLLP法に基づき、株式会社、合同会社は会社法に基づき設立されます。根拠法が違うため、LLPから株式会社・合同会社には組織変更はできません。

LLPの事業を株式会社等に移管させる場合には、株式会社等に事業譲渡する形態を採ります。

6　ビークルと個人口座の併用

ビークルは目的を果たすための道具

ビークルを利用する目的は、資産を効率的に増やすことです。ビークル利用による税負担の軽減も資産を効率的に増やすことに寄与します。

法人を使ってハイレバレッジ取引を行えば、大きなリスクをとって、資金を何倍にも増やすことができるでしょう。でも、それは一時的なことにすぎません。大きなリスクをとれば、逆の結果になることも当然あるからです。

法人を使うからには、ビジネスとしてトータルの結果が重要だと考えましょう。

ビークルの資金管理が資産を効率的に増やす

実は、法人の利用はハイリスクハイリターンタイプのＦＸトレーダーには向いていません。

その理由は、次のとおりです。

・トレード主宰者が死亡してしまうと幻の相続財産を残してしまうリスクがあること（第２章で解説済）

・大きな損失があっても、法人からの役員給与にかかる所得税の課税は残ること（第５章で解説）

法人を利用するのに向いているトレーダーは、トレード手法に優れているだけでなく、「心理」、「資金管理」の重要性に気づいた方です。

法人を利用するには、とにかく法人の資金管理が重要になります。そして、法人を利用する場合は、現実的な年間の利益目標をたてることが資金管理の第一歩です。

なぜなら、法人で稼ぐ利益が多すぎると、個人で稼ぐより高い税金を払うことになります。利益目標に到達したならば、合理的な税負担の軽減という目的は達成されます。

例えば、現状負担する国民健康保険より低額になるように社会保険の加入を目的としてＦＸ法人を設立し、役員報酬と不可分な社会保険料の合計額を賄う分だけのＦＸ利益を稼ぐ。こういう目的もあるのです。

個人のＦＸ口座を併用する姿勢を忘れずに

目的達成後、法人でトレードを続けず、個人でのトレードを中心にすることも合理的な判断になります。法人は目的を果たすための道具にすぎないのですから、法人ですべて完結させる必要はありません。

目標達成後、さらに法人で取引を続けて早期の資産目標到達を目指してもよいのです。その場合、法人税はコストと言えます。

その法人税コストを管理するテクニックは、第５章以降で紹介していきます。

第4章　会社をデザインする

1　会社の商号&本店所在地

会社の商号

会社の商号は名前です。商号は公序良俗に反しない限り自由に決めることができます。同一場所に同一商号でないかぎり登記が可能です。マイナンバー制度が始まったことにより「国税庁法人番号公表サイト」で同じ商号の有無を自分で確認することができます。

日本語のほか、ローマ字（大文字および小文字）、アラビア数字も用いることができます。

会社の本店所在地

会社設立には、本店の所在地を決める必要があります。本店には各役所から郵便物が送付されてきます。会社設立にあたり、会社専用のスペースを借りたりする必要はありません。

例えば、自宅を本店所在地とすることで足ります。ただし、公団やマンションでは、事務所不可の場合もあります。その場合は、レンタルオフィスが考えられます。

なお、本店移転があると変更登記が必要になります。司法書士に手続を依頼すれば費用もかかります。また、移転すれば、税務署をはじめ諸官庁への届出が必要になりますので、できるだけ変更がないような所在地にするべきです。

２　資本金はいくらにするか

資本金は１円から１，０００万円までにする

資本金は1円以上から自由に決めることができます。資本金は一度払い込みますと、法律上の制約から返還してもらうことはできません。

また、資本金が1，０００万円を超えてしまうと、住民税均等割という税金が高くなってしまいますので、多くの会社の場合、通常1，０００万円までにしています。

実務上は資本金1，０００万円での設立は、消費税の納税義務者となってしまいます。したがって、スモールビジネスを行う法人のほとんどが、資本金９９９万９，９９９円以下から始めています。

ＦＸ業者によっては資本金の制約がある

ＦＸトレードを目的とする法人の場合、ＦＸ業者の法人口座を開設する条件として、「資本金○○円以上」と求められることがありますので、あらかじめ口座を設立したいＦＸ業者の条件を確認しておくのが望ましいでしょう。

例えば、ＧＭＯクリック証券では、「資本金または基本財産の額が１００万円以上」（平成28年３月28日調べ）とされています。

とにかくＦＸ業者に求められる最低限の資本金をクリアしておけばよいです。法人を清算するまで法令上資本金は返還される性質のものでありませんので、資本金はできる限り低い金額に抑えるようにします。

資本金以外で、さらに取引証拠金を増やす場合

ＦＸ法人の主な資本金の使い道は、ＦＸトレードのための証拠金にあてるためです。証拠金を増やす、あるいはロスカットがたたり、追加でＦＸ業者に証拠金の送金が必要な場合は、資本金を新たに用意するのではなく、ＦＸトレードの主宰者（役員）が会社にお金を貸しつける形態を採ることがほとんどです。なぜならば、資本金の増加は新たに登記が必要になり、登記費用がかかってしまうからです。

お金を借りた法人は「役員からの借入金」として「資本金」と区別します。「役員からの借入金」は法人の立場からすれば、いずれ返さなければならないもの、債務です。

一方で、役員がお金を貸した事実「法人への貸付金」は債権であり、返還請求することができるものです。

したがって、法人設立初期のトレードのための証拠金は、必要最低限な「資本金」と「役員からの借入金」の組み合わせで対処することをおすすめします。

3　出資者は誰がなるか

株式会社の場合

株式会社の仕組みは簡単です。事業を始めたいと思ったときに資金が1，０００万円必要で、自分で全部用意しようと思ったら大変です。５人から２００万円ずつ集めてもいいわけです。その代わり5人は設立した会社の株主として、会社の経営を執行する代表者、役員を決定することができます。株式会社は出資者が役員である必要はありません。

そして、株主は、経営手腕に疑問を感じたら、通常年一回の株主総会を通じて物申すことができます。

したがって、口をだされたくなかったら、株式会社への出資、資本金は自分だけでだすか、自分の意を汲んでくれる親しい者にお金を出してもらうことになります。

また、新しく役員になったからといって会社に出資する必要もありません。

合同会社の場合

合同会社は出資者イコール役員と考えてください。

また、新しく役員を加えようと思うのであれば、新規に役員就任を望む者に会社に出資してもらう、または既存の出資者から出資金を譲り受けてもらう必要があります。追加で出資をすると登記が必要になりますので、登記費用がかかってしまうデメリットがあります。

もっとも、譲り受けてもらうのも、税務上トラブルを招きやすい論点があって安易におすすめできるものではありません。

したがって、合同会社の場合は、後々出資者（役員）を加えるのはハードルが高いのです。

つまり、合同会社設立に際してしっかり出資者（役員）を決めておくことが肝要です。

ＦＸ法人への出資者は誰がなるか

ＦＸ法人の場合、ＦＸ業者に預ける証拠金の拠出者が出資者になるのが自然なことのように思います。

ＦＸトレーダーが会社を設立する真の目的は、節税をはじめとする経済的合理化にあります。会社を使った経済的合理化、そのなかでも効果の高い所得分散効果を得るためには、配偶者や親族を役員にし、役員給与を支給する形態が一番てっとり早いです。ただし、親族が未成年者の場合は注意が必要になります。

未成年者が会社の出資者となることは法律上可能です。しかしながら、世間一般では未成年者の会社の経営、業務執行は難しいとされるでしょう。

そう考えますと、合同会社に未成年者を絡めるのは避けたほうがよいと思います。

4　役員は誰がなるか

役員は１人でＯＫ

役員は、会社の経営を執行する者です。株式会社であれば、代表取締役、取締役。合同会社であれば、代表社員、業務執行社員。これらを押さえておけば十分です。役員は会社経営執行の対価として役員給与を受け取ることになります。

株式会社、合同会社とも役員は1人でかまいません。ただし、合同会社については、出資者が2人以上の場合は、出資者全員が役員になります。

役員には、常勤役員と非常勤役員があります。非常勤役員については、高額な役員報酬を払うことはできないと考えてください。

ＦＸ法人の役員のあり方

ＦＸトレードを目的とする会社の役員なのですから、ＦＸに造詣がある者が役員として適任であるといえます。

ＦＸ法人の非常勤役員については、高額な役員報酬を払うことができず、所得分散効果は抑えられてしまいますが、ＦＸに造詣が浅くとも、非常勤役員への就任は差支えないと考えてよいでしょう。

事情があって、ＦＸトレードの主宰者が役員になれない場合もあります。勤務先の規則上、あるいは公務員の方など法人の役員に就任することができない事情がある場合が考えられます。

ただし、法人の出資者になることまで妨げられていません。その場合、設立する法人は株式会社を選択します。

例えば、配偶者を役員にすることで対処が可能です。この場合、配偶者の理解が得られていることが必要かと思います。

なぜならば、会社の代表として登記上は公になっていますので、法人をとりまく官や民、最も注意すべき税務当局も最初は代表者に接触、ヒアリングしようと考えるのが通常の対応となるからです。

話をもどし、勤務先との関係からＦＸトレードの主宰者が役員に就任できない場合、ＦＸ法人の役員として給与を受け取ることができませんし、ましてや従業員として給与の支給を受けることもできません。

したがって、自らの懐にＦＸトレードからの利益を還流させるには、ＦＸ法人から配当金として受け取るのがオーソドックスな方法となります。

なお、前述したとおり、未成年者の会社経営、業務執行は、難しいとされますので、未成年者を役員にするのは避けたほうがよいと思います。

5　事業目的

事業目的は少なすぎず、多すぎず

事業目的は会社の定款の絶対的記載事項で登記事項になります。事業目的は、複数定めることができます。ここでは、事業として実行する気がなくても複数の事業をあらかじめ定款に記載しておくほうがベターです。

なぜならば、ネット通販を事業目的の1つとして掲げておけば、ネット通販に関する書物は会社の経費として認められます。

このように、事業目的を複数掲げることで経費が認められる余地をあらかじめ拡大しておくことができるからです。

とはいえ、あまり事業目的を設けすぎると、将来、会社の合併、吸収合併の際、双方の会社の事業目的が重なるよう改訂が必要になりますので、注意する必要があります。

ＦＸ法人の事業目的

ＦＸトレードを目的とする法人の事業目的は、「外国為替証拠金取引」または「外国為替証拠金取引などの差金決済取引」といれておけばよいでしょう。

6　事業年度

自由に決めることができる

事業年度を決めるのは、決算時期を決めることです。事業年度は法人の利益（損失）計算をする基礎となる期間になります。

事業年度は1年以内です。第1期は設立日から設立日の属する月の前月に設定することで1年以内となります。ほとんどの会社の事業年度は1年です。稀に半年とする会社もあります。

会社の決算時期は自由に決めることができます。会社設立後であっても決算月の変更は可能です。事業年度を決めるときは税務申告を意識して考えましょう。税務申告は、事業年度終了の日の翌日から2か月以内となります。

日本は大企業の多くが3月31日を決算日とし、それに倣う中小企業も多いのですが、FXトレードが目的の会社は決算期を3月31日にこだわる必要はありません。

むしろ、3月31日決算の中小企業は、筆者（税理士）の立場からすると、短期間に業務が集中することになり物理的に処理できない可能性が高まるため、敬遠される傾向にあります。

少ないながらも、20日を決算日とする会社もあります。絶対に止めてください。

FX業者は末日締めで月次報告書の交付を行いますので、末日を決算日にしないと大変なことになります。

ＦＸ法人におすすめの決算月

自由に決めることができる決算月ですが、合理的な判断の下で決定したいものです。

ＦＸ法人におすすめの決算月は、６月～10月です。

ＦＸ法人におすすめの決算月理由①

税務署の事務年度は7月から6月までになっています。上期が7月から12月、下期が1月から6月です。下期の1月から3月は個人の確定申告の時期であり税務署内部が忙しいのです。4月から6月は、日本では3月決算が多いため、税理士が忙しいという実情があります。

したがって、税務署としては下期の税務調査には本腰を入れることができません。ですから上期の調査実績が人事に影響を与えることになります。上期の調査対象は、主に2月から5月決算の法人です。

ＦＸ法人におすすめの決算月理由②

社会保険料負担の削減から考えると、ますます2～3月の決算はおすすめしません。

社会保険料算定の基礎となる標準報酬月額は、4～6月に支給された給与の平均額で決定されます。

役員報酬の額は、通常一律同じ額で、変更できるのは年1回です。変更できるタイミングは株主総会決議後の翌月からになります。株主総会は決算月から2月以内です。

そうすると、4月決算の法人は、6月に株主総会を行い、7月から役員報酬の額を変更することになりますので、標準報酬月額変更の影響を少しだけ先送りできることになります。

ＦＸ法人におすすめの決算月理由③

統計上、11月決算と1月決算の法人は少なくなっています。この理由は税理士にあります。

11月決算の税務申告は2か月後の1月31日であり、1月決算の税務申告は2か月後3月31日です。税理士の立場から言いますと、1月と3月は通常の業務に加え、やらなければならない仕事が多く税理士が忙しいのです。

そこで、法人設立のアドバイスの際に、1月と11月の決算月は避けて欲しいと伝えることが多いからです。

11月と1月の間、12月決算の税務申告は、2か月後の2月28日であり、個人の確定申告と並行して作業を進めることになります。

仕事を急ぐあまり事務作業の負担が大きく、結果として粗い決算・税務申告になる可能性が高まり、依頼する法人にとっては不利益になりかねないからです。

第5章　利益調整の二大ポイントを知る

1　法人税をゼロにする

法人の経費の調整弁は社長の給与

法人税がゼロということは、会計上の利益がないこと、正確に言うと課税される所得がないということです。会計上の利益と税金計算上の課税所得は、計算のルールが異なりますが、イメージとしては、ほぼ同じと考えて読み進んでください。

小さな企業において利益がないということは、大きく分けて2パターンです。

・事業構造に問題がある
・役員報酬をとりすぎている

前者の場合は、一時的なものなのか、頑張れば何とかなるのか、内部要因、外部要因に問題があるのか、ビジネスとして成立しないのか、これらを分析し事業の継続・撤退を判断することになります。自らの資産を切り崩して会社に貸し付けるのも、金融機関からお金を調達してくるのも限界があります。

後者の場合がこの章での話です。そのほか高額な資産を購入すると、資産の種類に応じて減価償却という手続を経て経費になります。多額な減価償却費を計上できる場合もあり、会社の利益計算においては、重要な項目となっています。

役員給与と減価償却は税金計算を考えるうえで、知っておくべきポイントになります。まずは役員給与を詳しく知る前に、給与について予備知識を得ておきましょう。

給与所得とは

サラリーマンとは、日本では会社に勤務する人、主に正社員を意味します。その語源サラリー(Salary)には、給料、アルバイト代、パート代、役員報酬、棒給、歳費などを含み、名称こそ違っていても労働の対価として受け取る性質のものです。これらの性質を有するものを給与としてまとめ、税法では給与所得として課税がなされます。給与所得の原則的な計算方法は次のとおりです。

給与所得＝給与収入－給与所得控除（最低55万円）

給与所得控除は実質非課税枠

給与所得控除には必要経費の概算額の意味があります。つまり、実際の経費がどんなに少なくても最低55万円の必要経費は認められているということです。これはサラリーマンをはじめとする給与所得者の特権なのです。給与所得控除の額は、給与収入の額に応じて計算されます。令和４年においては、最低55万円、最大１９５万円です。

ただ、残念ながら、高収入な給与所得者に適用される給与所得控除は、近年の税制改正の傾向として縮小される方向にあります。

2　二大ポイント①　役員給与

赤字会社のカラクリは役員給与にある？

従業員に払う給料は会社の経費です。会社の社長に払う給料は、役員報酬といい、会社の経費になります。

日本の会社の約70％は赤字といわれています。役員報酬は会社にとって経費ですので、役員報酬を高くすれば、会社の利益は減ります。仮に法人税は会社の利益に対して課税されると捉えるとしますと、利益がゼロ、赤字であれば、法人税は課税されません。

つまり、役員報酬を必要以上に高額に設定すれば、会社に法人税はかかりませんので、日本の会社の約70％は赤字というカラクリになっているのです。

聞いたままの情報を鵜呑みにし、「多くの会社は赤字だし、自分の会社だけではない」と安心している社長がいますが、大変な思い違いですので、考えを改めていただくことを切に願っています。

法人税がゼロでも社長個人の税負担は重くなる

できるかぎり法人税を払わなくてすむように、高額な役員報酬を設定していても、実際に社長の懐に入っていれば、何も問題ありません。

ところが、会社に潤沢な資金がないために、みせかけの役員報酬であることも実務上は多いのです。この場合でも、みせかけの役員報酬の額に対して社長個人の所得税と住民税を払わなければなりません。

したがって、あまり高額の役員報酬を設定することは、所得税と住民税の増加を伴い、せっかく法人税を節約しようとしても、思ったような経済的合理化を達成できないことになります。

会社のお金と個人のお金

ここで、勘違いしている方が多いので、意識改革をお願いします。

法人（会社）のお金は、社長のお金ではないということです。１００％株主イコール社長であっても、会社という器のお金とプライベートのお金は混同してはならないのです。

会社にプールされたお金は、正規の手続（役員報酬の支給）を経ていないと、会社のお金を社長のお金に転換することはできないのです。

悪いことに、見せかけの役員報酬の設定は、現実に役員報酬を社長の懐に入れていないにもかかわらず、みせかけの高額な役員報酬にかかる納税が付随してくることになります。

つまり、社長個人にかかる所得税、住民税と会社にかかる法人税を天秤にかけて役員報酬を設定するのが重要な節税ポイントになります。

ところが、話はそう簡単ではありません。次項に続きます。

3　定期同額給与

役員報酬は、毎月同じ金額でなければならない

会社が儲かったら役員報酬をアップ。儲からなかったら役員報酬をダウン。

そもそも小さな会社の場合、役員報酬は社長の一存で決定できる場合が多いのですから、小さな会社は役員報酬をアップさせることによって利益を減らすことができます。すると、小さな会社は、法人税を払わない状態になってしまいます。

そこで、日本の法人税法は、役員報酬のアップ、ダウンによる利益調整を禁止しています。直感的にイメージしてもらうと、役員報酬は毎月同額でなければならないということです。

これを「定期同額給与」と言います。

役員報酬は、毎月同じ時期に支給する

定期同額給与は、毎月同じ時期に同じ金額を支給しなければなりません。

同じ金額とは、額面上は同じ金額という意味ですので、実際は、年に一度は見直しがある社会保険料の金額控除後、源泉所得税控除後、年末調整の過不足の精算などにより前月の金額と異なることがあります。

むろん、土日祝日があるため支給日の多少の前後は問題ありません。また、短期での資金繰りの都合上、実際の支給日が後になっても問題ありません。

役員報酬の改定時期は年１回

最初に役員報酬を決める時期は、法人設立日から3か月以内です。その後、事業年度が終了するまでの間、役員報酬の額を変更しないと心してください。

次に役員報酬を変更できるタイミングは事業年度終了後になります。ほとんどの会社の場合、事業年度は1年を基本としていますので、年1回です。

役員報酬は定時株主総会で決定されます。定時株主総会は、小さな会社の場合、決算日から2月以内に開催されます。

そこでは会社の経営成績でもある損益計算書、財政状態を表す貸借対照表などを勘案して、経営の責任者である役員報酬のアップ・ダウンの承認を株主からもらうという法律的な手続が要求されています。

つまり、役員報酬の額を変更できるのは、この定時株主総会の後に支給される役員報酬からということになります。

経営成績である損益計算書などが確定されるのは、事業年度終了後になりますので、通常は年1回だけ定時株主総会のタイミングで役員報酬を変更できるのです。

定期同額給与の支給額は税務署に届ける必要はない

たまに質問を受けるのが、「定期同額給与を決めたら、税務署に届ける必要はあるのか?」というものです。答えは届ける必要はありません。

続けて、「それでは、定期同額給与の要件である定期的に定額の役員報酬が支給されているかどうか、わからないではないか」という質問を受けます。法人税の申告は自己申告ですので、税務署としては自己申告を尊重するほかありません。

会社を経営していますと、税務署に所定の書類をいくつも提出することになりますので、これら書類の記載具合から、連続税、整合性がとれていないことを読み取ることは可能です。したがって、不都合な真実がある場合は、おおよその判断がつきます。

税務署が完全に確認しようとするならば、税務調査で臨場しなければなりません。最終的には、会社に備え付けられている帳簿を確認することで把握します。

配偶者への給与の考え方

会社代表者の配偶者は、登記上は役員ではなくても、役員としてみなされると考えておく必要があります。

したがって、定期同額給与のルールの適用を受けますので、日給、時給、成果給、賞与とかで給与を支給しないよう心得ておく必要があります。

4　事前確定届出給与

役員ボーナスは嬉しくない？

役員ボーナスを払うことは、会計上問題ありません。受け取る方の所得税の算定も通常どおり行われます。しかしながら、法人税法では問題があります。ボーナスは通常年に1～3回ですが、役員ボーナスは定期同額給与とはいえないからです。

法人税法で認められていない以上、税金計算では不利に働きますので、法人税負担が増えますし、もらったほうの役員の所得税は額面どおり計算されます。

つまり、税金の往復ビンタをもらうことになり、経済的合理性は全くないのです。

税金計算で役員ボーナスを認めてもらうには条件がある

法人税法で役員ボーナスを認めてもらうには、あらかじめ支給額と支給時期を宣言する届出書を税務署に提出しておく必要があります。

これを「事前確定届出給与」と言います。

ここまでやると利益調整行為を目的にした臨時のものではないと言えますので、税金計算上不利になることはありません。

実際この制度は利用しにくい

ただし、事前確定届出給与の利用にあたっては、たとえ、1円でも届け出た書面の支給額と実際の支給額に相違があってはなりません。

また、書面の支給回数と実際の支給回数にも相違があってもなりません。

つまり、届け出た書面と全く相違ない実務運用が要求されます。リアルの会社運営では、使い勝手が悪く、実践している会社は少ないのが実情です。

それでも、この制度の利用を考えるなら

年2回、3回のうち一度でも書面と実際の支給に相違があっては、認められませんので、年1回の支給として届けておくのがよいでしょう。

事前確定届出給与は、定期同額給与と違って、短期間であっても未払いにすることはできないと押さえてください。

制度を利用するための届出書には、提出期限がありますので、注意する必要があります。

法人設立第1期において、事前確定届出給与を利用する場合には、法人設立日以後2月を経過する日までに所轄の税務署に提出します。

第2期以降の事業年度において利用する場合には、原則として株主総会日から1月を経過する日までに所轄の税務署に提出します。

5　二大ポイント② 減価償却

減価償却資産とは？

何年間も使用できるものを購入した場合、その購入した事業年度中の経費にできるわけではありません。そもそも小さな会社の場合、モノの購入は社長の一存で決定できる場合が多いのですから、小さな会社はモノを購入することによって利益を減らすことができます。すると、どこもかしこも小さな会社は、法人税を払わない状態になってしまいます。

そこで、日本の税法は、モノについては、使用する期間を法定耐用年数として定め、耐用年数の期間にわたって経費にすることにしています。これは使用による経年劣化、価値減少分を期間にわたって技術的に数値化して経費とするものです。

その対象となるものを減価償却資産といいます。数値化の手法を減価償却といい、数値化された経費を減価償却費といいます。

ただし、10万円未満で購入した減価償却資産は、購入した事業年度中の経費にすることができます。10万円未満か否かは、資産１つごとに判定します。

例えば、同じイス４つを購入して合計28万円でしたら、１つ当たり７万円です。１つ当たりの金額が10万円未満ですので、４つとも全額経費になります。

減価償却資産については、いろいろな取り扱いがありますが、知っておいていただきたいのは次のものです。

減価償却の方法

主に定額法と定率法の2つが使用されます。

①定額法：一定額を減価償却費としていく方法

②定率法：最初に大きく減価償却費を計上し、徐々に計上できる減価償却費が小さくなっていく方法

・定額法の減価償却費＝取得価額×耐用年数に応じた償却率（事業年度中に使用した月数が11月未満の場合は月数按分あり）

・定率法の減価償却費＝（取得価額－償却費の累積額）×耐用年数に応じた償却率（事業年度中に使用した月数が11月未満の場合は月数按分あり）

耐用年数（償却率）は決められている

耐用年数は最短2年、最長50年と定められています。

また、耐用年数に応じ償却率が定められており、同じ耐用年数であっても、定額法と定率法の償却率は異なります。

6　減価償却の特例

一括償却資産

10万円以上20万円未満の減価償却資産については、通常の減価償却費の計算に代えて、３年間で均等に償却する方法を選択することができます。

法人の事業期間が1年未満の場合は、まず36で割ってから、その事業年度の月数を乗じて償却費を計算します。

少額減価償却資産

資本金1億円以下の中小企業については、青色申告法人に限って、取得価格10万円以上30万円未満の減価償却資産を、その取得した事業年度に全額を必要経費とすることができます。必要経費とできる上限は1事業年度３００万円までです。法人の決算直前に有効な節税方法です。ただし、この制度は期限付きで設けられており、いつまで続くかわかりません。ずっと期限延長されています。

注意して欲しいのは、購入した資産を期中に使用を始めなければならないということです。決算期末日に注文して、翌日に届いた場合は、当期の必要経費にならず、翌期の必要経費になります。

7　知っておきたい償却資産税

減価償却の番外の話

この章では、購入した固定資産の費用計上の手法について説明してきましたが、固定資産には所有しているだけで後から税金がかかるものがあります。その最たるものが固定資産税です。

償却資産税はいわゆる固定資産税とは別もの

いわゆる固定資産税とは、土地や不動産にかかる税金です。ほかに資産にかかる税金には自動車税・軽自動車税があります。これらは、事業の有無にかかわらず課税される税金です。

ところが、事業に使用される資産についてだけ課される税金があります。それが償却資産税です。

償却資産税とは、毎年1月1日現在に所有する償却資産に課税される税金です。

毎年1月末までに「償却資産税の申告書」を市町村に提出します。

（注意）：10万円以上20万円未満の資産について、3年間均等償却を選択しなかった場合には、償却資産税の対象として申告する必要があります。

8　自動車

減価償却資産の代表がクルマ

減価償却資産の具体例として、高価な買い物であるクルマについて考えていきましょう。

減価償却資産であるクルマを買っても、その購入にかかった費用の金額をすぐに費用化することはできません。そんなことができれば、利益がでている会社の多くが高級車を買って費用をふやすことになり、オーナー企業の小さな会社のほとんどが法人税を納めない事態になってしまいます。

具体的には、クルマの購入価格は、新車の普通乗用車は６年、新車の軽自動車は４年にわたって減価償却を通じて費用化されます。

小さな会社の場合、社長自ら業務の中心となっていますので、その足として社用車を購入することは大義があります。その社用車をプライベートに使っていようが、会社の判断、裁量に口をはさむことはできません。つまり、会社名義で自動車を購入することで、ガソリン代、高速代が費用として認められます。

ＦＸ法人がクルマを持つメリット

個人でＦＸトレードを行っている場合、個人所有のクルマ本体の購入価格の全部または一部を経費にすることは、まず考えられません。せいぜいＦＸ投資セミナー参加のためにガソリン代、有料道路料金、駐車料金を主張できるくらいでしょう。

会社の名義でクルマを購入すると、自動車取得税、重量税、自賠責保険はもちろん、自動車税、自動車保険、車検の費用、駐車場、車両修理代などの維持費すべて会社の経費になります。

個人名義のクルマを法人で使用する場合

仮に個人所有のクルマを法人で使用していた場合を考えます。

そのクルマのためにかかった、ガソリン代、修理代、諸税金その他諸々の費用について法人の経費として処理してしまうと、税務当局から否認される恐れが残ってしまいます。

そもそも、プライベートと法人の業務に使った割合を説明することは難しいのですから、あえて危ない橋を渡る必要はありません。名義変更手続に料金がかかっても、クルマを個人名義から法人名義に変更するのが合理的な考え方といえます。

なお、個人から法人名義に変更したクルマについても、残存価額を見積り、減価償却が可能です。

クルマを買わずにリースする場合

支払ったリース料が、そのまま経費になると押さえてもらって結構です。つまり、減価償却を行う必要はありません。

9　中古自動車

どうせ買うなら４年落ち

減価償却の賢い利用方法を教えます。

減価償却に使われる耐用年数は、資産の種類によって決められています。例えば、車というカテゴリーでいうならば、ベンツとカローラは同じ耐用年数です。クルマの耐用年数は通常６年ですから、例えば、３００万円のクルマであれば、1年あたり50万円を費用にすることができます。

耐用年数の６年を超えても通常は使用できます。耐用年数を過ぎても、買取りされるだけの資産価値は残っています。同じ中古でも高級車のベンツと大衆車のカローラでは、中古市場での買い取り価格が違うことはいうまでもありません。

減価償却は、価値の減少分を数値化する計算技術にすぎないのです。ベンツのような高級車は、計算上の価値減少が限界まで達していても、実際には市場価値があります。つまり、ベンツ購入にお金を使ったようでいて、後に中古車として売却することで、購入にお金を使った分の一部を回復できるのです。

さらに中古車の耐用年数は新車に比べて短くなります。つまり、中古の高級車ほど、耐用年数が短い分だけ費用化が速いので、利益を圧縮するのに役立つのです。

なお、中古車の耐用年数は次のようになります。

1年経過の中古車・・・5年
2年経過の中古車・・・4年
3年経過の中古車・・・3年
4年経過の中古車・・・2年
5年経過の中古車・・・2年
6年経過の中古車・・・2年

耐用年数は最短2年と決められています。これをみると4年経過の中古車が一番合理的であることがわかると思います。

FX法人の利益調整に有効

FX取引は、突発的に大きな利益を上げることもあります。

大きな利益に対して課せられる税金の負担を抑えるために、高級車種の中古車をローンで購入することは有効な方法です。

購入した事業年度においては、その事業年度中のローン支払額より大きい減価償却費を計上できます。

第6章　ＦＸ法人のキャッシュマネジメント

1　複利を最大限に利用するキャッシュマネジメント

複利の効果

複利の効果を確認しておきましょう（図表8）。

元金は３００万円、年利回り10％とします。

ＦＸではどうでしょうか。ＦＸで月利10％はそう難しいことではありません。そうすると、12か月後には約２８０万の差がついてます。月利10％の運用では1年後に元本の3倍超になります。

ＦＸでは、できるかぎり取引証拠金を取り崩さないようにすればするほど、資産増加のスピードアップを図れます。ここまでは、個人も法人も同じ話です。

取引証拠金が多いほど利益はあげやすい

ＦＸトレードでは証拠金が多いほど、取引できる建玉が増えますので、利益を生みやすくなります。機会損失とならないように、できるかぎりＦＸ業者に証拠金を預けておく必要があります。

取引証拠金の多寡は、ＦＸトレードに重要な影響を与えます。取引証拠金が多いほどポジションを多く持てるのですから、証拠金が多いほど資産の増加は加速します。

また、含み損を吸収する余力がありますので、強制ロスカットを避ける確度があがります。

【図表８　複利の効果】

①単利の場合
１年後：300 万円＋30 万円＝330 万円
２年後：300 万円＋30 万円＋30 万円＝360 万円
12 年後：300 万円＋30 万円＋30 万円＋30 万円…＝660 万円
②複利の場合
１年後：300 万円＋30 万円＝330 万円
２年後：330 万円＋330 万円 ×10%＝363 万円
３年後：363 万円＋363 万円 ×10%＝399 万 3,000 円
４年後：399 万 3,000 円＋399 万 3,000 円 ×10%＝439 万 2,300 円
５年後：439 万 2,300 円＋439 万 2,300 円 ×10%＝483 万 1,530 円
６年後：483 万 1,530 円＋483 万 1,530 円 ×10%＝531 万 4,683 円
７年後：531 万 4,683 円＋531 万 4,683 円 ×10%＝584 万 6,151 円
８年後：584 万 6,151 円＋584 万 6,151 円 ×10%＝643 万 766 円
９年後：707 万 3,842 円
10 年後：778 万 1,226 円
11 年後：855 万 9,438 円
12 年後：941 万 5,282 円

できるかぎり引き延ばしてから取引証拠金を引き出す

取引証拠金はＦＸ業者の口座にありますので、いちいち取引証拠金を、法人の口座に移して、役員報酬を払っていたら、本来ＦＸによる利益を獲得できる機会を逃すばかりか、思わぬタイミングで強制ロスカットされてしまう危険にさらされてしまいます。

つまり、できるかぎり取引証拠金をＦＸ口座に残したままの状態にする必要があります。

取引証拠金をできるかぎり引き出さないこと、引き出しを延長することがポイントになります。

2　役員報酬（定期同額給与）を未払いのままにする

会社は役員に給与を払わなくてもよい？

社会通念上、会社の従業員に給料を払わないことは問題です。ですが、会社が役員に給与を支払わないことは必ずしも問題があるとはいえません。

なぜならば、とりわけオーナー企業においては、オーナーの経営判断と役員給与支給額の決定は、表裏一体です。役員給与額の支給タイミングさえ資金繰りの理由は経営上の判断ともいえます。

ですから、オーナー企業の場合、一時的な資金繰りの都合を理由に、オーナー（役員）に給与を支払わない、支払いを延期するケースがあります。

ところが、定期同額給与は1月以下の期間ごとに支給が行われるものとされます。慣例または予定の支給日を法令上無視することはできないのです。

それゆえに、長期的に未払いのままにしておくことは、最初から支払いの意思がないと思われる、みなされる恐れがあります。

そこで、会社の事務現場においては、定期同額給与を未払計上し、支給予定日において源泉徴収を行ったものとして、源泉所得税の納付を行うといった対応を採ります。

事務現場では何が起こっているか

会社の帳簿は、複式簿記によるものです。複式簿記は、会社のお金の動きの一切を記録することができます。一方で、お金の動きを伴わない損得も記録することができます。

例えば、借金が棒引きされたという事情も記録できますし、社用車を廃車にした事実も記録することができます。

次のお金の動きを考えてみます。

①ＦＸ口座から資金１００を法人口座に振り替える
←
②法人口座から役員報酬（定期同額給与）１００を源泉所得税20控除後、役員個人名義の口座に80振込む
←
③役員個人名義の口座からお金80を引き出して、法人口座に80入金する
←
④法人口座からＦＸ口座に資金80を振り替える

本来は、このような動きを辿りますが、次のように帳簿上ではショートカット可能です。

①役員報酬（定期同額給与）１００から源泉所得税20を控除する
←

②源泉所得税控除後の80を役員借入金とする

この現象はお金の動きを伴っていません。

つまり、いちいち資金を動かさなくても帳簿上の記録はどうとでもできるのです。後で必要なときにＦＸ口座から源泉所得税の分20を法人口座に振り替えれば、一連の資金の動きと結果は同じことになります。

必要な分だけ資金をＦＸ口座から引き出す

このようにして、ＦＸ口座にお金を残しておくことは事務レベルにおいても問題ありません。加速的に資産を増やすには支払いを後回しにし、とにかく遅らせることです。

当然ながら、ロスカットされてしまうと源泉所得税の分20さえも引き出す余力がなくなってしまいますので、欲張り過ぎは禁物です。

役員報酬が未払いでも源泉所得税は必ず納める

役員報酬の未払いが残っていようと、支給予定日において役員報酬の額面にかかる源泉所得税を徴収しているものとします。そして、その源泉所得税の納付を行うようにします。

この源泉所得税の納付は、ＦＸ口座から資金を法人口座に振り替えてきて用意してもいいですし、自らの手許資金を使って立て替えておき、後で法人から精算してもらってもいいです。

3　現金出納帳は使わない

実は現金出納帳があると大変

会社の経費を記録するには、会社に現金を置き、その現金から経費を支払い、現金出納帳に記録していくのが、典型的な方法です。でも、実際は手許にある現金を超える経費の支払いが発生することもあります。

また、手許の現金と現金出納帳の残高が合わないということもよくあることです。

現金出納帳の記載が間違っていれば、その都度書き直す。手許現金の過不足が原因であれば、いちいち補充する。そんな大変な古典的な方法にとらわれる必要はありません。

経費は後で精算してもらう

現金で支払ったものは、社長が立て替えたという体裁にすればよいのです。立替経費の精算書を作成しましょう。

法人は、社長に立て替えてもらったのですから、返す義務があります。

返し方は、毎月決まった日に法人の預金口座から社長の預金口座にきっちり立替分を振込めばよいでしょう。

また、定期的に立替金を超えない範囲できりのよい金額（例えば、10万円、5万円）を振込んでもよいです。ちょっとしたルールがあるだけで資金の流れの説明、説得力は増すことになります。

経費の精算を後回しにすることで、できるだけ取引証拠金を法人口座に振り替えるのを延長させることができます。これでさらにＦＸ口座にお金を残しておき、資産の増加を加速させることができます。

立替経費の精算書の書き方

オーナー企業の小さな会社ですから、毎月1度立替金を精算するくらいでよいと思います。月締めの精算書の合計額と翌月一定時期に法人預金口座からの引き出し額が一致していますと、第三者が検証しやすくなります。

立替経費の精算書に記載する項目は、「日付」「勘定科目」「支払先」「金額」「摘要」などです。「勘定科目」の判断がつかない場合は、税理士にお任せしてよいでしょう。

カード決済

現金出納帳と比べて立替経費精算書は作成の難易度が低いのですが、あまり立替経費が多いようですと、作成に手間がかかってしまいます。法人カードを作成し、決済記録を残したほうがラクチンです。ただし、検証のためにカード決済のレシート等は保存しておく必要があります。

4　社会保険料もできるだけ節約する

マイナンバー制度の影響

原則的に会社は社会保険に加入する必要があります。しかしながら、これまで中小企業では未加入の企業が多く、その実態は把握することが難しい状態でした。ところが、未加入の状態でいることはマイナンバー制度の導入により難しくなってきました。そこで、役員給与に付随する社会保険の会社負担を考えます。

定期同額給与と社会保険料

役員報酬額を増やすと社会保険料の負担も増えます。

会社の利益を減らすには、役員報酬額を増やすことです。とは言っても、定期同額給与として役員報酬額は毎月同額である必要があるため、期中に役員報酬額を増加させることはできません。したがって、増やすというよりは、会社の利益を見込んで、役員報酬額を設定するという頼りない方法になってしまいます。

当初の見込みより少ない利益しか計上できなければ、高額に設定した役員報酬にかかる社会保険料の負担は重荷になってしまいます。

かといって、低額に設定した役員報酬では、会社の利益にかかる法人税の負担が重くなってしまいます。

法人税、所得税・住民税、社会保険料すべての負担を考える

結局のところ、オーナー会社の場合、個人で払おうが、会社で払おうが同じようなものです。これは、個人で所得税、住民税を負担するか、会社で法人税を負担するかの判断です。

個人と会社のお役所に払う負担の合計をできるだけ少なくしたい、というのがプライベート法人を所有するオーナーの考えるところです。

では、いったい役員報酬の額はいくらが適正なのでしょうか。

この問いに答えることは難しいです。

社会保険料の負担も考えると話はさらに複雑になってきます。

予測が難しい会社の利益、さらに個人の所得税の算定にあっては、社会保険料控除をはじめ、配偶者控除、扶養控除など各種所得控除の額は人それぞれですので、最もシンプルな所得控除（社会保険料控除と基礎控除のみ）の場合を考えます。

社会保険を考えると役員報酬はいくらがベストなのか

結論から言うと、法人によるＦＸの儲け（経費なしとして）が年間1，000万円以下なら、役

【図表９　所得税・住民税の課税】

①所得税の概算
給与所得＝給与収入（年間 120 万円）－給与所得控除（55 万円）
＝65 万円
所得控除＝社会保険料控除（個人負担分約 17 万円）＋基礎控除 48 万円
＝65 万円
課税所得金額＝65 万円 － 65 万円＝０円
所得税額＝０円

②住民税の概算
給与所得＝給与収入（年間 120 万円）- 給与所得控除（55 万円）
＝65 万円
所得控除＝社会保険料控除（個人負担分約 17 万円）＋基礎控除 43 万円
＝60 万円
課税所得金額＝65 万円 -60 万円＝５万円
住民税額＝５万円 ×10%＝５千円（個人住民税均等割を除く）

員報酬の額は月10万円がベストです。

このモデルプランによれば所得税、住民税、法人税、社会保険料の合計が最少になります。

この場合ですと、健康保険・厚生年金保険の標準報酬額９万８，０００円になります。

図表９の計算のように、給与所得以外に所得がないとすれば、役員報酬年間１２０万円ならば所得税は課税されません。

ただし、図表９の計算のように住民税は多少課税されます。

では、法人の負担はどうでしょうか。

【図表 10　法人税額の概算】

法人所得＝ＦＸによる儲け（1,000 万円）－経費（役員報酬 120 万円＋
法定福利費（会社負担社会保険料）約 17 万円）
＝863 万円
法人税額＝法人所得 × 税率（25%とする）
＝215 万 7,500 円（均等割を除く）

法人の負担

法人税額の概算は、図表10のとおりです。

上図の計算では、個人、法人の双方がお役所に払う総負担額は、個人所得税ゼロ、個人住民税5，000円、法人税215万7，500円、個人負担社会保険料17万円、法人負担社会保険料17万円の合計250万2，500円です。

法人を利用しない場合

法人を利用しない場合は、図表11のとおりです。

法人を利用しない場合の個人負担は、所得税130万7，900円、住民税42万9，500円、国民健康保険税・国民年金980，000円の合計2，717，400円です。

この水準の利益では、法人を利用したほうが少し有利といえます。

そうは言っても、法人を利用すると経費の範囲が広がりますので、法人税負担をまだまだ圧縮する余地があるといえます。

【図表 11　法人を利用しない場合】

①所得税の概算
先物取引に係る雑所得 1,000 万円
所得控除＝社会保険料控除（昨年も同額の儲けとして国民健康保険税、国民年金の合計 98 万）＋基礎控除 48 万円＝146 万円
課税所得金額＝1,000 万円 - 146 万円＝854 万円
所得税＝854 万円 ×15.315%＝130 万 7,900 円
②住民税の概算
先物取引に係る雑所得　1,000 万円
所得控除＝社会保険料控除（昨年も同額の儲けとして国民健康保険税、国民年金の合計 98 万円）＋基礎控除 43 万円＝141 万円
課税所得金額＝1,000 万円－141 万円＝859 万円
住民税＝859 万円 ×５%＝42 万 9500 円　（個人住民税均等割を除く）

最終的には、必要な生活費と折り合いをつけて税負担を受け入れるしかない

前述のように法人の課税所得1，０００万円以下という条件で、最も合理的な税負担を求めるならば、役員報酬の額は毎月10万円です。

しかしながら、ほとんどの場合10万円では生活費が賄えないといえます。

足りない場合は、役員給与の金額を好きなように決めてもらうしかありません。自分の許容できる税負担を考えてもらうしかないのです。

ただ、この役員報酬額10万円（健康保険・厚生年金保険の標準報酬額９万8，０００円）というポイントを知っているか、知らないかではマネジメントをするうえで差がでます。

5　配当金を支払ったほうがいい場合もある

法人税を支払った後の話

配当とは、会社の出した利益の一部を金銭等で株主に還元することをいいます。通常現金で支払いますので配当金として説明します。

会社の利益には法人税が課されますので、法人税を支払った後の利益を原資として株主に配当金を支払うことができます。

配当の受け取りにも税金がかかる

ところが、配当金の受け取りは源泉徴収が行われた後の金額になります。非上場株式の配当金から差し引かれる源泉徴収の税率は、20・42％です。いったん法人の段階で法人税を課した後、さらに源泉所得税が課される二重課税の状態になっています。

この不合理を解消するために個人の所得税の計算上、配当控除という制度が設けられています。具体的には、一定の条件下においては、配当金の金額の10％を、その年分の所得税の額から差し引くことができます。なお、住民税の計算上も配当控除が2・8％あります。

例えば、20万円の所得税額から配当金10万円の10％である1万円を差し引くと19万円、これが最終的な納税額になり、差し引かれた源泉徴収税額と精算します。

つまり、一定の条件下においては、配当所得の所得税の税負担は10％ということなのです。

給与ではなく、配当として受け取ったほうが有利な場合がある

法人のお金を個人のお金に変換するのに、２つの方法を比較します。

Ａ　給与

Ｂ　給与＋配当

社会保険料も税の一種と捉えると、最も合理的な税負担と言えるのは、社会保険料、所得税、住民税および法人税の合計額が最小になるときです。

Ａが年間３６０万円、Ｂが給与年間１２０万円＋配当２４０万円だとすると、いわゆる収入の額面は同額になります。

ところが、額面は同額であっても、それにかかる税金等は同額ではないのです。したがって、実際の手取りには差がでます。

とりわけ、オーナー企業の法人税、役員給与にかかる会社負担の社会保険料、オーナー自身の所得税、住民税、個人負担の社会保険料の負担を比較すると、Ｂが有利になる場合があります。

★Ａの場合

Ⅰ法人税
収入 9, 000, 000 円
経費（合計 4, 090, 000 円）
　　役員給与 3, 600, 000 円
　　会社負担社会保険料 490, 000 円
課税所得 9, 000, 000 - 4, 090, 000＝4, 910, 000 円
法人税額 4, 910, 000× 税率 23%＝1, 129, 300 円

Ⅱ所得税
所得の金額
　　給与収入 360 万－給与所得控除 116 万＝244 万円
所得控除（合計 970, 000 円）
　　社会保険料控除　490, 000 円
　　基礎控除　　　　480, 000 円
課税所得 2, 440, 000 - 970, 000＝1, 470, 000 円
所得税額　1, 470, 000×5%×1. 02%＝74, 900 円
（100 円未満切捨）

Ⅲ住民税
所得の金額　2, 440, 000 円
所得控除（社 49 万＋基 43 万＝920, 000 円）
課税所得 2, 440, 000 - 920, 000＝1, 520, 000 円
住民税額 1, 520, 000×10%＝152, 000 円

Ⅳ社会保険料
　会社負担 490, 000＋個人負担 490, 000＝980, 000 円

合計負担Ⅰ+Ⅱ+Ⅲ+Ⅳ＝2, 336, 200 円

★Ｂの場合

Ⅰ法人税

収入 9, 000, 000 円

経費（合計 1, 360, 000 円）

　　役員給与 1, 200, 000 円

　　会社負担社会保険料 160, 000 円

課税所得 9, 000, 000 - 1, 360, 000＝7, 640, 000 円

法人税額 7, 640, 000× 税率 23%＝1, 757, 200 円

Ⅱ所得税

所得の金額（合計 3, 050, 000）

　　給与収入 120 万－給与所得控除 55 万＝65 万円

　　配当所得 2, 400, 000 円

所得控除（合計 640, 000 円）

　　社会保険料控除 160, 000 円

　　基礎控除　　　　480, 000 円

課税所得 3, 050, 000 - 640, 000＝2, 410, 000 円

所得税額　2, 410, 000×10% - 97, 500＝143, 500 円

配当控除　2, 400, 000×10%＝240, 000 円

差引所得税額　143, 500 - 240, 000＜0　∴0

Ⅲ住民税

所得の金額　3, 050, 000 円

所得控除（社 16 万＋基 43 万＝590, 000 円）

課税所得 3, 050, 000 - 590, 000＝2, 460, 000 円

住民税額 2, 460, 000×10%＝246, 000 円

配当控除 2, 400, 000×2. 8%＝67, 200 円

差引住民税額 246, 000 - 67, 200＝178, 800 円

Ⅳ社会保険料

　会社負担 160, 000＋個人負担 160, 000＝320, 000 円

合計負担Ⅰ+Ⅱ+Ⅲ+Ⅳ＝2, 256, 000 円

ざっくりイメージを捉えていただきたいのですが、法人税より社会保険料の負担が大きいくらいに考えていただきたいのです。

どういうカラクリかといいますと、役員報酬の額が減少すれば、社会保険料の額も減ります。これらが減少することで法人の利益は増えますので、それに伴い法人税の負担は増加します。

結果、税引き後利益も増えますので、配当にまわせる余裕ができます。配当には所得税、住民税の計算上、配当控除が適用されますので、結果的に所得税、住民税の負担はさほど増えない、というより減少になります。これらトータルを考えると、役員報酬の額を増やすのではなく、配当という形で個人に還流させて個人で自由に使える現金を増やす方法もあるということです。

配当を優先すべき有利な局面

給与所得、配当所得は合算され総所得金額を構成します。総所得金額から基礎控除、配偶者控除、扶養控除、社会保険料控除、生命保険料控除など各種所得控除の合計を差し引いたものが課税総所得金額です。これにかかる所得税は超過累進税率により計算されます。

超過累進税率は5%から45%まで7段階あります。

課税所得金額が195万円から330万円の場合は、超過累進税率10%が適用されます。

法人の課税所得が800万円以下に収束する条件下で、配当所得と給与所得の合計額が330万円以下であれば、役員給与の支給を増やすより配当を出したほうがよいケースになりえます。

第7章　節税の基本テクニック

1　節税4パターン

お金がかかる節税

単純に経費をかければ、会社の利益は減少しますので、その分法人税の支払いは少なくなります。節税の多くはこのパターンになります。節税のためにお金を使うのは本末転倒になりかねないということです。例えば、法人税20万円を減らすために、経費１００万円を使うのは合理性があるといえるでしょうか。

その経費１００万円が本来会社の利益が赤字でも実行を検討するに値するのか、という判断基準を持っておくべきでしょう。もちろん、必要なもの、近いうちに必要になりそうなものを前倒しで購入することは無駄ではありません。

具体的には消耗品の購入、減価償却資産の購入です。このような場合は、節税を兼ねていることからお金をかけてもよいでしょう。

ただ、ＦＸ法人の場合は、明日のお金より今あるお金に価値があると考えるべきです。

ＦＸ業者からお金を引き出すことはできるだけ避けて、トレードの証拠金として積極的に利益の獲得を図るべきという考え方も忘れないで欲しいと思います。

【図表12　節税パターン】

	永久型	繰延型
お金がかからない	例）税額控除	例）減価償却の特例
お金がかかる	例）経費の支払い	例）節税商品

お金がかからない節税

お金を使わないで節税できるなら、誰でも喜んで実行します。

このタイプの節税の代表格は、いったん算定した法人税額を一定の条件のもとであるならば、オマケしてあげるよという税額控除と呼ばれるものです。

残念ながら、ＦＸ法人の場合は税額控除を使える場面が少ないです。

永久型

永久に税金が安くなれば、俄然嬉しいのですが、先の税額控除が代表例です。通常の経費の支払いも永久型に分類できます。

繰延型

実は多くの節税は、繰延型になります。繰延型は、本来今期の負担に属する税金を、翌期以降に先延ばしする一時的な節税効果になります。利用するか否かは、慎重に検討すべきです。

これらをマトリックスで表示すると図表12のような４パターンになります。

2　永久型で経費の支払いが一番手堅い節税

結局、節税の代表例は経費の支払い

お金がかからず永久に節税になる方法は、残念ながらＦＸ法人で使える場面は少ないです。

また、お金がかからず税金を将来に繰り延べる方法もＦＸ法人では使える場面は少ないです。現実的には、お金をかけて永久的な節税がもっともシンプル、かつ、手堅い方法になります。

また、お金を使う繰延型の節税商品は、節税に歯止めをかける税制改正があると、有効性を失ってしまいます。

節税ありきで経費を使うのはムダ

利益１００万円に対して、税金が約25万円かかります。その税金を節税するためには、１００万円経費を使えばよいのです。

しかしながら、１００万円使ったら手許にお金がなくなってしまいます。

税金を払ってでも手許に75万円が残るわけですから、それを元手にＦＸで大きく稼げることを忘れないようにしたいものです。

3　所得税が発生しない範囲で給与を決める

所得税ゼロアプローチ

自分の所得控除の額がどの程度まで積みあがるか、を知ることが大切です。所得控除は、15種類ありますが、なかでも、基礎控除、配偶者控除、配偶者特別控除、扶養控除、生命保険料控除をまず押さえます。

次に、給与に対応する分の社会保険料控除の積み上げをシミュレーションします。

余裕があれば、小規模企業共済等掛金控除まで考えてみるとよいでしょう。小規模企業共済については後述します。

結論からいうと、年間の給与収入が１２０万円で、社会保険に加入していると、まず所得税が発生しません。

・給与所得＝給与収入１２０万円－給与所得控除55万円＝65万円
・所得控除＝社会保険料控除約17万円＋基礎控除48万円＝65万円
・課税所得＝給与所得（だけとする）－所得控除＝０円（千円未満切り捨て）

課税所得に所得税の超過累進税率を乗じて所得税を計算しますので、結果所得税額は0円になります。

この場合、給与から天引きされる社会保険料の額は約17万円です。これ以上の所得控除の積み上げは人それぞれ異なります。

別の言い方をすると、所得控除の合計額が給与所得（だけとする）の額を超える場合は、所得税は発生しないことになります。

例えば、配偶者控除あるいは配偶者特別控除を使えるのであれば、年間最大38万円まで所得控除を積み上げることが可能ですから、その分の年間の給与を増やすことができます。

そのほか生命保険料の年間支払額を知ることが可能ですので、生命保険料控除の金額を算定することができます。その分年間の給与を増やすことができます。

ここまで積み上げてみてから、年間給与を月々の給与に置き換えて社会保険料の自己負担分を計算してみます。自己負担の分イコール社会保険料控除の金額ですから、さらにその分だけ年間給与の額を増やすことができます。

この作業を何度か繰り返すことによって、所得税が発生しない範囲の年間給与の額（定期同額給与の額）を知ることができます。

4　所得税が発生しない範囲で家族に給与を支給する

非常勤役員に役員報酬を払う

ＦＸ法人では、家族を非常勤役員に就任させて役員報酬を支給するケースが多いと思います。

非常勤役員に対する役員報酬は５万円（年間60万円）であれば、問題にされることは少ないでしょう。

ただし、中学生や留学中の子に役員報酬を支給することは、無理スジな話になります。

高校生、大学生の場合は、どれだけ説得力をもたせられるか、としか言いようがありませんので、無理はされないほうが賢明です。

常勤役員として役員報酬を払う

非常勤でなく常勤となれば、その職務執行の対価として相当であるかどうかが判断になります。

この場合、所得税が発生しない範囲にこだわる必要はないとも言えます。

所得税が発生しない方針にそうならば、年間役員報酬１２０万（社会保険加入）にします。

これが70歳未満の配偶者の場合、所得税法上の所得控除は、配偶者控除最大38万円に代えて、配偶者特別控除最大38万円の積み上げが可能になります。

5　個人の節税アイテム　小規模企業共済

余裕があれば小規模企業共済の加入を考える

小規模企業共済は個人のための制度ですので、法人名義で加入することはできません。個人の所得税の節税の話になります。

所得税が発生しない範囲での給与の支払額を拡大させるには、さらに所得控除の積み上げを図る必要があります。

シンプルでベストなのが小規模企業共済に加入です。

小規模企業共済制度は、法律に基づく制度です。国が１００％出資している独立行政法人中小企業基盤整備機構が運営しています。

契約者から預かった掛金を運用し、その運用による利益をすべて契約者に還元する仕組みになっています。

運営経費は国が負担していますので、利益をすべて還元可能にしています。

小規模企業共済は、小規模の法人、個人事業の経営者のための退職金積立制度です。積立（掛金）は全額「小規模企業共済等掛金控除」として所得控除になります。

【図表 13　小規模企業共済のポイント】

①掛金は月 1,000 円～ 70,000 円の範囲（500 円単位）で自由に決められる（加入後、いつでも変更可能）
②今まで納付した掛金の範囲内で事業資金を融資してもらえる
③共済金の受け取り
・共済金は、退職・廃業時に受け取り可能
・共済金の一括受取は「退職所得」扱い
・共済金の分割受取は「公的年金等の雑所得」扱い
・共済金の受給権は差押え禁止

小規模企業共済のポイント

小規模企業共済のポイントは、図表13のとおりです。

毎月、退職金準備の積立として1，０００円から7万円を積み立てのため掛けていきます。

小規模企業共済の掛金は、支払額の全額を小規模企業共済等掛金控除として最大年84万円（7万円×12回）の所得控除を受けることができます。掛金が全額所得控除になりますので、所得税、住民税の計算をするうえでは、個人年金保険の支払いによる生命保険料控除と比べて圧倒的に有利となっています。

また、この掛金は1年分を前納することができます。12月は、思いのほかその年の所得が多くなりそうな者がかけこみで加入します。なにしろ、その年最大84万円の所得を一気に減らせる節税アイテムなのですから。

一方で法人解散、事業廃止などの理由により受け取る共済金は、退職所得となり、税金上はとても有利です。

つまり、払うときも、受け取るときも有利な節税アイテムなのです。

小規模企業共済のデメリット

任意解約の場合、掛金支払いが20年未満だと受け取る解約手当金は掛金合計額を下回ってしまうので、最低20年掛金を払わないと受取額は元本割れしてしまいます。

途中掛金を減額すると運用元本の総額も、今まで掛けてきた総額ではなく、その減額した金額を控除した掛金により今まで掛けてきたものとみなされて、受取額が減ってしまうようです。掛金の減額はできるかぎり避けたほうがよいでしょう。

FXトレーダーなら

小規模企業共済は、安全性を重視した商品ですので、いわゆるトレーダーとは対極の投資スタンスになります。

加入する場合は、掛けた年数に応じて退職所得控除の枠が拡大され、退職金にかかる税金が減少しますので、早期から少額でも掛けておくとよいでしょう。

ただ、年間最大84万円の固定支出が20年続くことは投資機会の損失です。取引証拠金80万円あれば、FXで1年後200～300万円にすることは現実的な数値です。さらに20年後を考えるとその差は歴然です。

したがって、小規模企業共済に加入しないという判断も当然アリです。

【図表 14　掛金の全額所得控除による節税額】

掛金の全額が所得控除になるということですが、どのくらいの節税になりますか。

掛金の所得控除による節税について、一例は以下のとおりです。
共済契約者の所得金額および1年に払い込みする掛金額によって、節税になる金額は異なります。

掛金の全額所得控除による節税額

課税される所得金額	加入前の税額		掛金月額ごとの加入後の節税額			
	所得税	住民税	掛金月額 1万円	掛金月額 3万円	掛金月額 5万円	掛金月額 7万円
200万円	104,600円	205,000円	20,700円	56,900円	93,200円	129,400円
400万円	380,300円	405,000円	36,500円	109,500円	182,500円	241,300円
600万円	788,700円	605,000円	36,500円	109,500円	182,500円	255,600円
800万円	1,229,200円	805,000円	40,100円	120,500円	200,900円	281,200円
1,000万円	1,801,000円	1,005,000円	52,400円	157,300円	262,200円	367,000円

[注意事項1]
「課税される所得金額」とは、その年分の総所得金額から、基礎控除、扶養控除、社会保険料控除などを控除した後の額で、課税の対象となる額をいいます（なお、所得税、住民税の課税される所得金額は計算上同一としております。）。
[注意事項2]
税額は、平成26年6月1日現在の税率に基づき、所得税は復興特別所得税を含めて計算しています。住民税均等割については、5,000円としています。

（出所：独立行政法人 中小企業基盤整備機構 HP より
http://www.smrj.go.jp/skyosai/qa/tax/050608.html）

6　確定拠出年金（イデコ）に加入する

確定拠出年金制度の概要

確定拠出年金とは、拠出した掛金とその掛金を原資に運用した運用収益の合計額を基にして将来受け取る年金額が決まる制度です。最近は、「イデコ」と呼ばれ定着しました。

確定拠出年金には、「個人型」と「企業型」の2種類があります。

「個人型」は、文字どおり個人で加入し、その個人が掛金を拠出します。

「企業型」は、事業主が加入し、掛金を拠出します。その事業主の拠出額を限度として従業員も掛金を拠出します。つまり、半額以上は事業主が掛金を負担することになります。

本書が想定する読者の多くは、企業型に加入です。その場合、掛金は年額66万円になります。

拠出された掛金の運用については、加入者、従業員が株式、債券などの運用商品（投資信託等）を選びます。運用の結果、将来受け取る年金額が増加したり、減少したりします。

年金制度の位置づけとして、1階基礎年金、2階厚生年金保険、3階確定給付企業年金と説明されますが、確定拠出年金は、3階部分に相当する上乗せ部分になります。

平成28年5月に「確定拠出年金法等の一部を改正する法律案」が国会を通過し、中小企業の利用促進、運用方法の拡充がすすむものと期待されます。

掛金支払時の税制上のメリット

個人型、企業型ともに、個人が支払う掛金全額は、小規模企業共済等掛金控除として所得控除の対象となり、所得税、住民税が減少します。

また、企業型において、事業主が負担する掛金は、全額経費になります。

年金受取時の税金の取扱い

年金として受け取る場合は、公的年金等に係る雑所得として課税されます。

一時金として受け取る場合は、退職所得になり、低い税負担で済みます。

ＦＸトレーダーなら

個人で加入する場合、オーナー企業を設立して加入する場合のどちらにも言えることですが、掛金の運用先（投資信託等）を限られたなかから自分で選択することになります。そういった意味で、安全性を重視した小規模企業共済より少し積極的な投資になります。

設立したＦＸ法人で企業型に加入、後に法人を清算したとしても、今まで拠出した掛金は、個人型に持ち運ぶことができます。法人の資金を個人の年金資産に組み替えることが可能です。

結局のところ、余剰資金をＦＸの取引証拠金に向けるか、年金資産に向けるかは、バランスのとり方次第です。

7　生活費を法人の経費にする

生活費アプローチ

自らの役員報酬、さらに配偶者などの役員報酬の最適年収を把握し、支給を実現できれば、個人にかかる所得税、住民税の負担を抑えることができます。まだまだ法人の利益を圧縮するためにできることはあります。生活費を法人の経費に振り替えることです。

これまで、比較的高額な金額になる法人の経費として減価償却資産を解説しました。クルマやパソコンは減価償却資産になります。さらに、スマホ代、インターネット接続料、新聞代、業務に関連する書籍、雑誌も業務に関連する経費と説明がつきます。とくにスマホ代、新聞代などは契約名義を会社にしておきましょう。

自宅の一部だって経費にできる

法人が事務所として法人役員の自宅の一部を利用し、合理的、適正な賃料を支払うのであれば、法人の経費として計上できます。

ただし、賃貸料を受け取る個人は、不動産所得として確定申告が必要になります。必要経費は、自宅に占める事務所部分の面積割合を乗じて算入するのが一般的です。

8　社宅家賃を活用する

自宅を借りるなら会社で契約する

住まいとしてアパート、マンション、借家を借りるときは、個人名義で契約を交わしている場合が多いと思います。勤め先の会社によっては福利厚生の充実を図り、会社が住まいを用意してくれることもあります。社宅使用料は給与から差し引かれますが、家賃相場と比較して満足できるものだと思います。

このような形態がとられている場合、会社は、不動産を直接所有していることを除けば、個人名義ではなく会社の名義で契約を交わしています。従業員ではなく役員に対しても同様のことができます。

つまり、会社が賃貸借契約を結び、そこを社長の社宅にし、社宅使用料を徴収することで、生活に必要な費用を合法的に振り替えることができるのです。

社宅家賃は効果絶大

住居家賃を会社が負担する分だけ役員給与を引き下げるとしたら、会社負担の経費の総額は変わらないはずです。ところが、役員給与を引き下げた結果、役員給与の額に連動して負担する所得税、

【図表15　役員が使用する小規模な住宅の社宅使用料相当額の算式】

① その年度の家屋の固定資産税の課税標準額 ×0.2%＋
12円家屋の総床面積 ÷3.3平方メートル

② その年度の敷地の固定資産税の課税標準 ×0.22%

社会保険料、翌年負担すべき住民税の削減が実現でき、実際の手取り額が増えることになります。徴収される社宅使用料こそありますが、その使用料は実際の月額家賃の20％前後になるはずです。

社宅使用料の算定

社宅使用料の算定は、複雑な計算方法が国税庁より発遣されています。役員が使用する小規模な住宅の社宅使用料相当額の算式は、図表15の①、②の合計になります。

また、算定には、固定資産評価証明を入手する必要があります。困ったことに借家人が、固定資産評価証明を入手できる期間は4～5月と限られています。自己負担分としての社宅使用料の算定が甘いと税務上問題があります。

社宅使用料の金額設定が通常徴収すべき額と比べて少ないと社宅使用者は得をしていることになります。その得している分は利益と捉えられます。

本来会社から受ける利益は給与によるところが大きいわけですから、名目上は給与と認定されます。その結果、給与が多くなった分だけ源泉所得税の徴収が漏れていることになります。逆に徴収している社宅使用料が多い場合は、税務上の問題は生じません。

９　交際費を使う

誰でも接待交際の対象になりえる

一般的な企業活動における交際費とは、得意先や仕入先などに事業に関係する人に対する接待、供応、慰安、贈答などのために支出するものです。

ＦＸにおける個人課税を考える場合、交際費は「先物取引に係る雑所得」の計算上必要経費とすることはできません。

法人の場合、利益獲得のために直接的、間接的に要した支出は、基本的に費用になると考えます。現段階で法人として事業を行っていなくても、ビジネスのネタ探し、ビジネスの研究のために社外の人と会えば、飲食が伴うことは自然なことです。

交際費には枠がある

大企業の場合、交際費は税務的に厄介なもので、交際費それに隣接する福利厚生費、会議費は、神経を使うところです。

ＦＸ法人の資本金規模は通常1億円以下でしょうから、大企業に適用されるルールは関係ありません。大雑把に年間８００万円まで使えると押さえておけばよいと思います。

交際費にしないものを決めておく

お金を出していないのに、領収書、レシートをもらう、拾ってくることは言うまでもなくやってはいけないことです。

自分なりの基準を決めて、真っ当な理由を説明できるものでないと、税務調査の場面では苦しくなってしまいます。

自分なりの基準をもっていれば、説明もしどろもどろにならないはずです。

(例)

・飲食費のなかでも、親族内だけの飲食費はいれない

・親戚への祝金、御霊前などはいれない

飲食費はできるだけレシートを

次のことを証明するのにレシートは領収書より適しています。

・飲食の年月日

・飲食に参加した人数

・飲食の金額と飲食店の名称、所在地

あと一点「飲食に参加した者の氏名」。これはレシートに記載されることはありえませんので、レシートにメモを残しておくのがベターです。

10　退職金を払う

最も税金が安いのが退職金

退職金は、勤続年数、会社への貢献度などを加味して仕事を辞めた後の生活費に充てるものといった社会的背景から、多額の税金をかけることは好ましくないと考えられています。

ですから、退職金に課せられる税金は、他の所得と比べて非常に低いものになるよう制度設計されています。

給与所得に給与所得控除があるように、退職所得にも退職所得控除があり、基本的に次頁図表16の算式で税金を計算します。

図表16では所得税8万7，500円と住民税17万5，000円の合計は26万2，500円になります。これら税額が退職金のうちに占める割合はわずか1・75％にすぎません。

退職金制度がないものとして退職金を前払いで給与に上乗せして受け取った場合は、1，500万円を25年で分割すると年間60万円の上乗せになります。これにかかる所得税、住民税、さらに社会保険料の分を考慮すると、その差は歴然です。

上乗せがない場合、年間60万円を会社の利益に残すことになります。これにかかる法人税額は法人税率25％とすると15万円です。この対応策には、本章11～13が利用されます。

【図表16　退職金にかかる税金の計算】

①基本的な退職金にかかる税金の計算

所得税額＝(退職金 - 退職所得控除) ×50%× 超過累進税率

住民税額＝(退職金 - 退職所得控除) ×50%×10%

②退職所得控除の計算

勤続年数20年以下　40万円 × 勤続年数 (最低80万円)

勤続年数20年超　　800万円＋70万円 × (勤続年数 - 20年)

③例外の退職金の税金計算

法人税法上の役員で勤続年数５年以下の場合は、式中50%を100%として計算

④退職金にかかる税金計算の具体例

例えば、勤続年数25年、退職金1,500万円であれば、

所得税額＝1,500万円 - (800万円＋70万円 × (25年 - 20年))

×50%×５%

＝８万7,500円

住民税額＝1,500万円 - (800万円＋70万円 ×25年 - 20年))

×50%×10%

＝17万5,000円

【図表17　役員退職金の適正額の基本算式】

支給適正額＝役員最終報酬月額①×役員在職年数②×功績倍率③

①役員最終報酬月額
この算式によると役員としての最後の月の報酬が多ければ、その分退職金が増えることになります。だからといって、原則として毎月役員給与は同額でなければならないというルールから外れてはなりません。
また、役員報酬の増額改定の直後、体の不調などにより業務に差支えがあるわけでもないのに退職金を払うということも認められないと思ってください。

②役員在職年数
役員として登記されていた期間

③功績倍率
代表取締役は３倍。そのほかの取締役は２～2.3倍、非常勤取締役は通常１倍。

退職所得の申告不要

退職金は、ほとんどの場合、確定申告不要です。

退職所得は、他の所得とは独立して計算されます。

所得税、住民税を源泉徴収されますので、税務署側としても徴収漏れはありませんから、申告不要という取扱いになっています。

役員退職金の適正額

退職金は、その支給の対象となる役員の貢献度、勤続年数、地位を総合的に考慮して決定されるものです。

したがって、不相当に高額

な部分の金額の支給については、会社の利益の圧縮を目的とするやり過ぎな行為とされ、法人税の計算では課税上弊害があるため認めないというスタンスになります。

役員退職金の適正額の基本算式は、図表17のとおりです。

税務調査でトラブルが多い役員退職金

前述した役員報酬の適正額のとおり計算し、支給していても税務調査で否認される可能性があります。実務上前述の計算式は、目安程度にしかなりません。

その原因となっているのは、役員報酬の額の変動です。とりわけFX法人の場合、役員報酬の額を頻繁に変更することが見受けられます。ときに役員報酬の額がゼロの場合もあるでしょう。

十分な利益が獲得できると見込まれるならば、前年度に比べ役員報酬の額を大幅に増加させたり、その逆の場合もあります。

このように、役員報酬の額に大きな変動が見受けられる場合は、前述の計算式中の最終報酬月額に合理性がないと捉えられてしまいます。

その結果、税務調査では、法人税の計算上、課税上弊害があるとされ、その分法人税が発生してしまいます。

【図表 18　経営セーフティ共済】

①掛金は月 5,000 円～ 20 万円の範囲（5,000 円単位）で自由に決められる ②最高 8,000 万円まで無担保で貸し付けが受けられる（ただし、ＦＸ法人では利用できないと考えてよい） ③法人設立１年間は加入できない

１１　節税アイテム　経営セーフティ共済

掛金が経費になる

経営セーフティ共済は、小規模企業共済と同じく、国が１００％出資している独立行政法人中小企業基盤整備機構が運営しています。

小規模の法人、個人事業（事業所得に限る）の連鎖倒産を防ぐための制度です。契約者から預かった掛金を運用し、その運用による利益をすべて契約者に還元する仕組みになっています。運営経費は国が負担していますので、利益をすべて還元可能にしています。

経営セーフティ共済は、積立（掛金）は全額法人の経費になります。

経営セーフティ共済のポイント

経営セーフティ共済のポイントは図表18のとおりです。

小規模企業共済と同じく、共済掛金を1年分前納することができます。一般事業法人では、決算期末が近づき、思いのほかその期の法人所得が多くなりそうなとき、かけこみで加入します。なにしろ、その期最大240万円の法人所得を一気に減らせる節税アイテムなのですから。

その後、40か月分以上を納付した後に解約をしますと、100%共済掛金が戻ってきます。

その代わり、解約手当金は、掛金の支払いが会社の費用になった反対の扱いとして法人の利益になります。つまり、前述の節税パターンのうち、繰延型に該当します。

FX法人は経営セーフティ共済をどう活用するか

言うなれば、強制積立の定期預金をしているにもかかわらず、経費として認められるのです。しかも、解約のとき条件を満たせば、共済金が全額戻ってきます。この特性はうまく利用したいものです。ただ、固定支出が少なくとも40か月続くことは投資機会の損失です。取引証拠金がそれだけあれば、FXで莫大な利益をあげる可能性があります。したがって、経営セーフティ共済に加入しないという判断も当然アリです。将来ロスカットによる取引証拠金の急減に直面する可能性もあります。トレードの調子がよかったときに、お金をとっておけばよかった、と思っても後の祭りになることもあります。継続して投資を行うためにも、自分の手のとどかないところに非常用の投資資金を確保しておくという考え方も一考に値するのではないでしょうか。

また、会社の前年度以前に計上した過去の損失については、法人税の計算上、今期の利益と過去の損失を相殺できる期間に限りがあります。損失の繰り延べが期限切れになる前に、経営セーフティ共済を解約し、利益をつくることで、過去の損失を無駄にしないことができます。

12　民間の生命保険

法人向けの節税商品

経営セーフティ共済は加入済で、さらなる会社利益の圧縮を図る場合には、生命保険の活用を考えます。

経営セーフティ共済と民間の生命保険は、お金がかかる繰延型の節税パターンに該当し、その典型例です。生命保険は、会社の代表者に万が一のことがあった場合といった観点を加味して加入を検討すべきです。

生命保険を活用しての節税は法人だけが可能です。個人でいくら生命保険に加入しても、所得税の計算上、所得控除として年間最高12万円にしかなりません。また、住民税の計算上の所得控除としては年間最高７万円にしかなりません。

その点、法人が支払う生命保険料は、全額経費になるものもあります。ただ、法人向け生命保険という商品は、節税メリットの高さから税務当局の規制がかかりやすいものになっています。

数年前まで節税メリットがあったものが、メリットがないよう改正されたということが頻繁におきます。逆に改正によりお墨付きを与えられる保険商品もありますので、その場合は安全な節税策になります。

全額損金にできる保険がある

生命保険の課税関係は、保険商品によって多岐にわたります。

ここでは、最もシンプルなものを紹介します。

保険料を払ったときにその全額が法人の経費になり、解約したとき、返戻金が法人の利益になります。これは、前述の経営セーフティ共済と同じ考え方です。

また、全額を経費にできなくても、銀行預金より有利な利回りの貯蓄性の高い保険商品もあります。これら保険に加入しつつ、万が一の死亡保障をカバーしているといった具合です。

高額な保険料が必要になりますので、継続して保険料を支払うことができるか否かという点で慎重な検討が必要です。

ＦＸトレーダーなら

資金に余裕がある、または、個人でまだ保険に加入していなければ、生命保険の加入を検討してもよいでしょう。

万が一、ＦＸトレーダーに相続が発生した場合に、遺族に幻の相続財産（債権）が残ってしまう恐れがありますので、相続税の納税資金くらいは賄えるように遺族に配慮するのも大切です。

13　オペレーティングリース

大型の課税の繰り延べに利用される

経営セーフティ共済には、年間最大240万円、合計800万円までしか利益の繰延ができないという欠点があります。また、法人向け生命保険は、節税メリットの大きさから課税当局との間で今後もイタチごっこが続くことになるでしょう。今では有利な商品（全額損金算入）が少なくなっています。加えて毎年継続して高額な保険料の支払いがあり、その支払いが継続できるかという点が問題になります。

その点、オペレーティングリースは、原則初年度のみの支払いとなり、全額損金算入できることが多く、保険では対応しきれない大型のニーズに最適です。突発的な利益、とくに1，000万円以上の規模の損金算入を指向する場合に有効といえます。

もっとも、オペレーティングリースは、課税の繰り延べに過ぎませんので、後々利益となって戻ってきます。

オペレーティングリースの投資形態

オペレーティングリースとは、リース事業を行うリース契約の名義人（任意組合、匿名組合）に出資し、その出資から配当を得ることを目的とするものです。最近は匿名組合で組成されることが多くなっていますので、匿名組合契約型を前提に解説します。

会社（投資家）は匿名組合に出資します。集められた出資金を匿名組合はリース物件の購入にあて、リース事業を行います。投資家は、そのリース事業から得られる損益の分配を受けることになります。

オペレーティングリースの税効果

リースの対象となる航空機、船舶は、法定耐用年数より長い期間使用できるものです。定率法により初期に多額の減価償却費を計上することができます。その結果、リース名義人の会計年度の出資者への会計報告において、出資者への配当の計算上リース収入を上回るマイナスの配当を名目上計上することになります。なお、このマイナスの配当の分を必ずしも出資者が追加で負担するわけではありません。

ここで重要なのは、その名目上マイナスの配当を出資者の損失として法人の利益計算上扱うことができるということです。これこそが税効果なのです。マイナスを計上するのは出資初期の1～3年です。ただし、出資金額を超えるマイナスを法人税の計算上考慮してもらえるものではありません。払い込んだ出資金の額を限度として損金算入が可能になります。そこまでが節税メリット（課税の繰り延べ）になります。

最終的には、リース資産を売却し、配当が分配される仕組みになっています。その最終配当は、出資者（投資家）の収入になりますので、課税が繰り延べられているにすぎないのです。

注意点

オペレーティングリースへの投資は、利回りが確定しているものではなく、投資元本が毀損することもあります。

リース物件の市場価格の変動の影響、リース先の倒産、リース物件の全損事故などもありえないことではありません。

また、商品設計がドル建てのことが多く、為替相場の変動も受けます。

個人でオペレーティングリースに加入した場合の課税関係

個人でオペレーティングリース投資も可能です。匿名組合契約による分配金収入は雑所得（総合課税）として課税されます。

ただし、投資期間の前半に生じる損失は、雑所得の損失になります。

同じ総合課税の雑所得のなかで損益通算はできますが、他の所得と損益通算ができません。したがって、個人のＦＸ取引（分離課税の雑所得）の利益にかかる税金を減らす対策としては使えないことになります。

14　短期前払費用

前払費用とは

会計の基本的な考え方に、その事業年度中の期間に対応する費用は、その事業年度中の費用にするというものがあります。

つまり、すでに翌期に対応する費用を先払いしていても、その分は費用計上できず、会計上「前払費用」として資産計上します。

特例的な扱いとして、会計上重要性の乏しいものについては、厳密な会計処理によらず、支払った期の費用として認めてもよいのではないか、という考え方が背景にあります。

なんでもかんでも前払いが認められるわけではない

そこで「短期前払費用」と銘打ち、前払費用のうち、支払った日から1年以内にサービスの提供を受けるものについては、図表19の要件を満たせば、支払った期の費用とすることができます。

節税効果は一度きり

この特例は、本来翌期の費用を先取りする形で、今期の経費にするものです。したがって、節税

【図表 19　短期前払費用の要件】

①重要性が乏しいこと
極めて高額だと会社の利益計算、法人税課税に弊害が起きない程度
②売上等に対応、ヒモづけされる費用ではないこと
売上等の獲得に直接の因果がないこと
③一定の契約に基づき毎月同じ質・量のサービスを受けること
家賃、駐車場代、保険料、リース料が典型例
※弁護士・税理士の顧問料は該当しない
④今後の決算でも継続して行うこと
支払日から１年以内にサービスの提供を受け、毎期継続して経常的に支払いが行われることが前提

効果は、最初の1回かぎりです。

デメリット

一度この短期前払費用の特例を使ってしまうと、翌期以降も同様に1年分を前払いしていくことが必要になります。

金額が僅少なものでしたら、そもそも節税としてのメリットはたかが知れています。

金額が大きいものですと、翌年払えるか心配になります。

翌期以降のFXトレードが順調であるか否かは、神のみぞ知るところです。筆者としては、この特例の利用は好ましくないと思っています。

この特例の利用は継続が要件とされていますので、少なくとも3～5年を意識しておく必要がありますが、文理上は最低2年と解することができないわけではありません。

15　欠損金の繰戻し還付

前期に法人税を納めていることが前提になる

前期に利益が出た結果として法人税を納付し、今期は赤字になってしまった場合、前期の利益と今期の赤字を相殺して、前期分の法人税の全部または一部を還付してもらう制度を「欠損金の繰戻し還付」といいます。

ただし、繰戻し還付は、国への法人税に対してのみ認められています。都道府県および市町村の法人税に繰戻し還付の制度はなく、翌期以降に損失を繰り越すしかありません。

この制度は、青色申告法人の特典であり、資本金1億円以下の中小企業が適用対象とされます。

法人税申告書の提出期限を必ず守ること

青色申告の承認を受けているならば、提出期限を過ぎても申告書さえ提出してしまえば、青色欠損金の繰越しは有効です。

なお、2期連続で提出が遅れてしまうと青色申告の承認が取り消されてしまいます。注意してほしいのは、繰戻し還付の適用を受ける場合は、前期分の確定申告書の提出期限を守っている必要があり、還付を申請する今期分も提出期限を守ることが要件になります。

【図表 20　具体例】

第１期：課税所得 1,000 万円、
法人税 800 万円 ×15%＋200 万円 ×25.5%＝171 万円
第２期：欠損金 500 万円
第３期：課税所得 1,000 万円

Ａパターン：第２期において繰戻し還付請求を選択
171 万円 ×500 万円 ÷1,000 万円＝85 万 5,000 千円
第３期の法人税 171 万円
Ｂパターン：第２期において繰越控除を選択
第３期の法人税（1,000 万円 - 500 万円）×15%＝75 万円

３年間の納税額を比較すると
Ａパターン：第１期 171 万円ー第２期 85 万 5,000 円＋第３期 171 万円
＝256 万 5,000 円
Ｂパターン：第１期 171 万円＋第２期０円＋第３期 75 万円＝246 万円

繰越控除を選択したほうが有利になるとき

法人の課税所得８００万円までは、法人税率15％ですが、８００万円を超える部分には25・５％の税率が課されます。

ところが、繰戻し還付では、還付対象となる前期の法人税は同じ税率であったものとして計算されます。

図表20、具体例で確認します。

このように3年間のトータルでは、Ａの繰戻し還付を選択するよりＢの繰越控除を選択した場合が有利になることがあります。

結論として、前期の課税所得が８００万円を超えている場合に、今期の欠損金がそれを上回る金額のときは、繰戻し還付は不利になりません。

コラム　税理士が教えない節税「日当」

トレード技術の向上の目的など情報収集のため、自分以外のトレーダーの話を聞きたい、ということもあると思います。出かけるのが遠方であれば、旅費はかかりますし、宿泊することもあると思います。もちろん、これらに要した費用は会社の経費として問題ありません。

同族会社以外の会社では、役員、従業員の経費の使用に目を光らせる反面、こうした経費の精算に手間がかかるため出張旅費規程を設けています。いちいち精算せずに役職に応じた渡し切りの一定金額を支給する、このような経理処理が認められています。

出張旅費規程上支給される金額は、実費弁償の意味があります。支給を受ける立場であれば、できるだけ使用する金額は少なくして差額を浮かせようとします。受取側は非課税所得になります。ですから、オーナー社長が旅費規程を利用すると、合法的に法人から個人に所得を移転できますので、節税になります。このことに着目し、税理士が教えない節税とか謳う書籍・情報商材によくあるのが出張旅費規程に設けられる「日当」です。

日当とは、出張時に使う食事代、缶コーヒー、消耗品、雑費の補填であり手当の一種です。すると、日当の金額を多くしたいと考えるのではないでしょうか。

しかしながら、高額な日当の支給をめぐって、税務当局とトラブルになりやすいです。

それならば、出張旅費規程を設けずに、自分の裁量を振るえる実費精算のほうがよいでしょう。

第8章　タックスマネジメント　ハイテクニック

1　決算期を変更する

上場企業でも法人税削減のためなら決算期を変更する

東証一部上場企業に株式会社キーエンスという会社があります。キーエンスは、従業員の平均給与（1，600万超）が日本一高い会社といわれています。これだけの企業ですから、会社の納税額もかなりのものですが、貪欲に税コストを削減する努力もしています。

実はキーエンスは、法人税節約を目的として、しばしば決算期を変更する会社として知られています。

直近のキーエンスの事業年度は次のようになっています。

第40期：平成23年3月21日から平成24年3月20日
第41期：平成24年3月21日から平成24年6月20日　↑3か月決算
第42期：平成24年6月21日から平成25年3月20日　↑9か月決算
第43期：平成25年3月21日から平成26年3月20日
第44期：平成26年3月21日から平成27年3月20日
第45期：平成27年3月21日から平成27年6月20日　↑3か月決算
第46期：平成27年6月21日から平成28年3月20日　↑9か月決算

第40期の前にも2度変則決算を行っており、通算4度目です。これら変則決算を実施した年には、税制改正による法人税率の引下げがありました。

４月１日以降から始まる事業年度から法人税率の引下げが適用されるため、３月20日決算のキーエンスは、普段どおり決算を実施すると1年近く旧税率による高い法人税が課されることになってしまいます。一旦６月20日決算に変更することで、少しでも早い段階で減税メリットを受けることができます。

このような1年に2回決算を行うことは、会社の経理部に負担をかけ、監査報酬の支払いも増加しますが、それ以上に法人税削減のメリットがあるから実施しているのです。

簡単にできる決算期変更

決算期の変更は、株主総会の決議が必要になります。小さい会社であれば、臨時株主総会を開催し、議事録を添付した異動届出書を、税務署、都道府県税事務所、市町村役場に届けるだけでＯＫです。ただし、すみやかな提出が必要になります。

なお、決算期の変更は、登記事項ではありませんので、登記費用はかかりません。

著しい業績変動にも決算期変更は有効

キーエンスが変則決算を実施した理由は、税制改正による法人税率の引下げのメリットをできる限り享受したいからです。このほか決算期を変更する理由としては、利益急増が予測できる場合があげられます。

例えば、翌月から利益急増が見込まれる場合は、今月末で決算を締めるよう変更してしまうのです。すると翌月から新たな事業年度が始まりますので、３か月後には定期同額給与を増額改定できますし、そのほか有効な節税策を次の決算まで1年間考えることができます。

一方で、業績が振るわない場合にも決算期変更は有効です。定期同額給与は、原則的にその事業年度中は変更できないのですから、早めに事業年度を締めることで、高く設定しすぎた役員報酬額を一旦リセットすることができます。

ＦＸ法人へのあてはめ

ＦＸ法人の場合、将来の業績予測が難しいため、事業年度初日から今までの業績をみて判断するよりほかありません。

例えば、12月末決算のＦＸ法人が11月にトレード利益が急増したからといって、遡って10月で決算を締める、変更することは実務執行上難しいです。

なぜなら、株主総会の決議は、その決議日から未来に向けて有効だからです。11月中の株主総会の決議は、前月の10月末に決算変更とはならず、来月12月の決算後の翌期から、翌年10月に決算期が変わったことになります。

したがって、事業年度中の後半に利益が急増した場合には、節税対策を実行する、考えるには期間が短すぎるということが考えられます。ですから、さらに今期の決算期を短くしてまで決算期を変更することは悪手に近いものがあります。

とはいっても、筆者が経験した実例のなかには、決算期を変更したこともあります。下半期の途中からトレード技術が向上して毎月連続して大きな利益をあげられるようになった方の話です。

そうすると、税率の高い法人課税所得８００万円を超えた部分の利益（所得）を積み上げることになりますので、ここで事業年度を仕切り直したほうがよいと判断したことがあります。

また、事業年度前半トントンからの後半の失速には、定期同額給与の減額、それに伴う社会保険料の節約を見据えて、決算期変更を検討してもよいでしょう。

決算期変更のデメリット

事業年度は1年を超えることはできませんので、変更後は必然的に短くなり、納税の時期が前倒しされます。そうすると取引証拠金を利用する複利メリットを十分とることができなくなります。

そのうえ、税理士に払う手数料も前倒しで発生することになります。

そのほか、会計ソフトによっては、事業年度途中での決算期変更に対応しないものがあります。会計ソフトの機能である財務諸表の前期比較ができなくなってしまいます。

おまけに、決算期を変更したことを忘れてしまう恐れがあります。

2　半年決算にする

事業年度は１年以内ならＯＫ

日本のほとんどの会社は、事業年度1年です。設立第1期についても11か月以上12月未満で、できるかぎり1年近くになるようにしています。その理由として、事業年度ごとに決算を行う必要があり、それにかかる負担はできるだけ先送りしたいからです。

しかしながら、一般の事業会社の場合、本当はそんな理由で決算期を決定してはならないのです。事業年度の決定は、ときには会社の命運を握るものにもなるのですから。

もっとも、決算期の変更によって、1年を超える事業年度の設定はできません。この場合、必ず1年未満の事業年度が生じることになります。

さて、本題です。事業年度は1年でなければならない、という決まりはありません。1年未満で事業年度を決めるのであれば、現実的には半年決算に落ち着きます。

ここでは継続して半年決算を行う会社にするという話です。決算期変更により一時的に半年決算にすることとは違います。途中で半年決算を継続して行うようにするには定款の変更が必要になりますので、できれば、設立当初から半年決算としたほうがいいと言えます。

1年間に2度決算を行うわけですから、それなりの事務負担になりますが、なにより節税メリットがあります。

役員報酬額を機動的に設定できる

役員報酬は、法人税法から制約を加えられていることから、原則として毎月同額を支給しなければなりません。これを変更する場合にはハードルがあって、実行した場合は課税当局とのトラブルの種になりやすいと言えます。

問題なく変更が認められるタイミングは、事業年度終了後の株主総会の決議の後です。半年決算であれば、少なくとも年に２回株主総会を開催することになりますので、役員報酬を変更できるのも年２回になります。

役員数を増やす機会の増加

株主総会の決議を経て役員は選任されます。株主総会が年２回実施できれば、タイミング１つ早く身内を役員にすることができます。

なお、役員の新任は登記事項ですので、登記費用がかかります。

半年決算のデメリット

１年に決算を２回行うわけですから、会社としても事務負担は増えます。もちろん、決算書類を作成する会計事務所への報酬も発生するでしょう。役員報酬を合法的に見直すことができる節税効果と会計事務所への報酬を比較検討してみてはいかがでしょうか。

半年決算の導入の検討

役員給与の変更タイミングは、事業年度末から2か月以内に行われる株主総会の後の月分からでした。新事業年度に突入しても前の事業年度の役員報酬額を踏襲することになります。

したがって、半年決算の会社の場合、株主総会後の翌4か月分の役員報酬額の増減が法人税の課税所得に影響を与えることになります。具体的に数字をあげて半年決算の効果を確認してみます。

役員報酬を月20万円増額するとしたら、20万円×4か月＝80万円、その分だけ課税所得を押し下げる効果になります。法人税率（地方税を含む）を25％としますと、80万円×25％＝20万円の節税効果になります。本来あと半年待たなければ、この節税は実現していなかったものになります。この節税効果と会計事務所への報酬を比較検討してみてください。

注意点

法人の課税所得が８００万円を超えると法人税の税率が高くなります。これは1年を基準にしていますので、半年決算の場合、半分の４００万円超から法人税率が高くなります。

なお、住民税均等割の税金も、半年決算なら半額になります。

３　上半期に予定の利益を確保する

経営計画というより利益計画

法人の課税所得が８００万円を超えると適用される税率は高いものになってしまいます。この金額を超えてしまいますと、個人で課税を受けたほうがトータルの税金は安くなります。

家族単位で運営される小さな会社は、法人で税金を払おうが、個人で税金を払おうが、実質変わらないのも同然です。トータルで税負担をできるかぎり少なくするには、法人税を抑えるために、自分の役員給与の額を増やすことが一番の利益の調整弁となります。

ところが、役員報酬には、法人税法上の制約があり、毎月同じ額でなければなりません。したがって、業績が上振れすると、法人税の負担が増えてしまい、業績が下振れすると、法人税負担は少ないものの身の丈にあわない役員報酬が仇となり所得税・住民税の負担が増えてしまいます。

また、経営計画を立てるにしても、金融機関など会社外部への経営計画の説明は、上半期で年間計目標値の50％超を達成しているほうが順調とみられ、説得力があります。極端にいえば、上半期で年間数値目標１００％達成していれば、下半期は適度な数値でいいのです。

つまり、家族単位で運営される小さな会社の場合、経営計画というより利益計画といったほうが適当なのです。

4　ダブルビークル

貪欲にトレード利益を狙う

法人の課税所得が８００万円を超えてしまうと、個人課税とのバランスが崩れてしまい、トータルの税負担が大きくなってしまうことになりかねません。

なぜなら、法人税の税率は、４００万円、８００万円、それ以上の３段階に応じて変わってきます。とはいえ、ハイレバレッジを利用してＦＸトレードができるのですから、８００万円を超えてでもできる限り利益の上乗せを狙いたいところです。このような場合には、別会社の設立をおすすめします。具体的には、ＦＸ利益から経費を差し引いて課税所得８００万円を超えようとする場合において、もっとトレード利益を望むのであれば、別会社の設立を検討してもよいでしょう。

法人が２つあれば、８００万円の２倍である１，６００万円を目標にします。それぞれの法人の課税所得が８００万円以下になるようにバランスをとっていけばよいのです。

会社が２つあれば、それぞれから退職金がもらえる

退職金にかかる税負担が最も軽いことは前にも述べたとおりです。法人が２つあれば、２つの法人から退職金をもらえることになります。さらに非常勤役員の退職金もその分もらえます。

トレードを使い分ける

最初の法人をメイン、後で設立した法人をセカンドとします。まずはメイン法人で、役員報酬のほか年間の必要経費を賄えるだけのトレード利益を確保します。

確保後、取引のメインはセカンド法人で行うというように利用します。

それぞれの会社の決算期を別々にする

複数の会社を保有する場合、それぞれの会社の決算期が同一であるほうが、自分の記憶に留めやすいですし、事務手続のうえでも管理が楽です。

しかしながら、決算期が同一であるということは、役員報酬を決定する株主総会も同時期に行われ、その結果、役員報酬の改定のタイミングが同じになります。これでは、最適な役員報酬額を決定することが難しくなってしまいます。

一番無理のないセカンド法人の決算期は、メイン法人の決算期の６ヶ月後でしょう。メイン法人においては、１年間の課税所得がゼロに近づくまで年間の経費の総額を賄えるトレード利益が確保できれば十分と言えます。ここでメイン法人でのＦＸトレードはほどほどにしておきます。ここからはトレードの軸足をセカンド法人に移します。

メイン法人において６ヶ月を待たずにトレード利益を確保してしまっても、セカンド法人にトレードの軸足を移すか否かは、そのときの状況次第です。

5　繰戻し還付を徹底利用して税負担を平準化

繰戻し還付の概要

青色申告で資本金1億円以下の中小企業の場合、青色欠損金の繰戻し還付が認められます。繰戻し還付を選択することによって、今期の損失を前期の利益と相殺することができます。ただし、国に支払う法人税にかぎって使用できます。都道府県および市町村に払う法人税については、前述の繰越ししか認められていません。

例えば、前期課税所得８００万円にかかった法人税が１２０万円だとします。今期の欠損金が８００万円だとすれば、前期分として納付した法人税１２０万円の還付を受けることができます。

メイン法人の繰戻し還付

仮に前期は絶好調でメイン法人、セカンド法人ともに法人税の納税があったとします。メイン法人とセカンド法人の決算月は、半年ずれているものとします。

まず、メイン法人では、役員報酬、自動車、社宅など目一杯の経費を積み上げることで経済的合理性を追求させます。これらの経費を賄うために、メイン法人においてトレードに勤しむことになるでしょう。

事業年度の後半に突入し、メイン法人でのトレードでなかなか利益が上がらないからといって、自動車・賃貸不動産の名義を、新しい事業年度に突入したばかりのセカンド法人に変更してはいけません。

なぜならば、途中名義変更してまでセカンド法人の経費をむりやり積み上げるようなことは、経費の付け替えになります。ですから、断じて行ってはいけません。

そのままメイン法人でトレードを続けた結果、最終赤字だったとしても、繰戻し還付ができるなら損失の一部は取り戻したのと同じ効果になります。

セカンド法人の繰戻し還付

メイン法人のトレードで精一杯で、セカンド法人においてトレード利益があがらなくても、セカンド法人における役員報酬の計上は、してもしなくてもよいのです。

役員報酬その他経費の分は赤字になり、前期に納付した法人税について繰戻し還付の適用を受けることができます。

言うなれば、メイン、セカンド両方で繰戻し還付を適用できる機会があるのです。法人地方税の還付は受けられませんが、国税である法人税のほうが多額ですから、こうして会社が存在する期間にわたって、できるかぎり１年あたりの税負担を安くすること、平準化することができます。

6　スクラップアンドビルド

世の中には様々なファンドがある

ファンドには、それぞれ投資方針の違い、投資対象の違いがあり、1つのファンドとして成立しています。ファンドには契約型と会社型があります。契約型はさておき、本書は通常利用される会社型に焦点をあてています。ファンドの性格が違えば、それだけの会社型ファンドがあるものです。ですから、ファンドは事実上いくつ存在していようが、問題はありません。

世の中では、一人の社長、実業家が複数の会社を経営している事例はたくさんあります。こんなことは珍しいことではありません。

奇異にみえますが、ＦＸトレーダーが複数会社を持っていたって咎められるようなものではないのです。

複数の会社をもつメリット

複数の法人を利用することで、メリットが3つあると説明してきました。

1つは、法人課税所得が８００万円を超えると、高い税率が適用されてしまいます。できるだけ法人税の負担を抑える場合には、複数の法人をつかって、課税所得８００万円の枠内に収めることです。

２つめは、繰戻し還付を利用できる機会が増えることです。

３つめは、法人が複数あれば、それぞれの法人から退職金をもらうことができます。退職金は他の所得より安い税負担であることは、もう説明する必要がないでしょう。

既存の法人を清算（スクラップ）しては退職金をもらい、新たに法人を設立（ビルド）しても問題ありません。

時期尚早なスクラップは損をすることも

ＦＸ法人は急激に利益を増やすことがあります。利益を会社に残して会社で使うよりも、個人で使いたいと考えることも当然あるでしょう。一生ＦＸを続けようと思っている人のほうが少ないはずです。

本来やりたかったことにお金を使うのはいいことです。退職金や清算配当を組み合わせて個人にお金を還流させることができます。

もっとも、退職金のうち不相当に高額な部分については、税務上認められないこと、配当収入は総合課税の対象になることなどを総合的に判断して、会社をスクラップする時期を決めることが望ましいと言えます。

7　消費税を還付してもらう

消費税の考え方

私たちがモノの購入、サービスを受ける場合、本来の価格に消費税分を上乗せして相手に代金を払っています。国に直接税金を払っているわけではなく、お金を受け取った事業者が国に消費税を払っています。事業者だってモノを購入、サービスを受ける場合は、本来の価格に消費税分が上乗せされた代金を払っています。

消費税というのは最終的に国民が負担する税金です。

とは言っても、私たちが国に直接税金を払っているわけではない、この態様を間接税と呼びます。だから、本質的に消費税は事業者が負担する税金では決してないのです。事業者が国民から預かった消費税を納めるという体裁をとっているにすぎません。

その体裁は次の算式で表されます。

事業者が国に収める消費税額＝受け取った消費税額－支払った消費税額

例えば、私たちが山菜の天ぷら８００円（税抜）を食事する例を考えてみましょう。

食事を提供する事業者Ａは、山菜を事業者Ｂから50円（税抜）で購入しています。山菜を集める事業者Ｂは自分の労力だけが頼りでほかに支払いはないものとします。

先ほどの算式にあてはめると、次のようになります。

・事業者Ａが納める消費税額＝80円－５円＝75円
・事業者Ｂが納める消費税額＝５円－０円＝５円

こうして山菜の天ぷら８００円にかかった消費税80円は、事業者Ａと事業者Ｂによってトータルでは納められています。

ここで重要なのは、事業者は、消費税が増税されても減税されても、その影響は受けないということです。トクでもソンでもないのです。理論的にはそうなるということで、現実はいろいろな問題があります。

言い換えると、消費税は国民が負担するもので、事業者が負担するものではないということです。裏を返せば、国民という消費者が不在であれば、事業者が事業者に支払う消費税を負担する必要さえありません。理論的にはそうなるということです。

とは言え、前述の消費税上乗せを請求する事業者Ｂの立場にたてば、事業者Ａにどのような問題があろうと事業者Ｂには預り知らない全く別問題です。

したがって、事業者Aは消費税上乗せ分を払うよりほかありません。

法人設立2年間は消費税の納税は免除される

会社を設立して目いっぱい第1期の事業年度を長くとると、設立当初からの約2年間は消費税の納税を免除されます。これは資本金1,000万円未満の法人設立の特典なのです。

仮に預かった消費税が200万円あろうが、300万円あろうが、前述の算式にあてはめる必要もなく、消費税を納税する必要がありません。とってもお得な制度です。

3年目以降からは話が違ってきます。

2年前の売上高（ここでは設立第1期）の売上高が1,000万円を超えていると消費税を納めなければいけなくなります。消費税を納めなければいけない事業者を消費税の課税事業者と言います。対して、消費税を納める必要のない事業者を免税事業者と言います。納める時期は第3期事業年度終了から2月以内です。1年分まとめて納税する負担感は相当なものです。ここで躓く会社も少なくありません。

なお、消費税の納め方は届出により分割にすることができますし、前年実績として一定の納税額を超えると分割で納めることになります。

話を戻し、資金に余裕がない会社ですと、普段の資金繰りにやむをえず消費税の預り分を充ててしまうのです。すると、納めなければならない頃には、預り分に相当するお金がない事態に陥ってしまいます。こうした理由で、国税のなかでも消費税は滞納件数、滞納額とも最多となっています。

消費者不在のＦＸ法人

一般の会社ですとモノを売ったり、サービスを提供しています。その売上高が1，０００万円を超えると、消費税を納める必要が生じてしまいます。

ＦＸ法人の収入はすべてトレードから得られるものと仮定します。仮定といいながら、ほぼ現実の姿と言っていいでしょう。

ＦＸ法人は、消費者にモノを売る、サービスを提供するわけではありません。つまり、消費者から受け取る消費税はありません。当然ながら消費税を受け取るべき性質の売上が1，０００万円を超えることもありません。ですから、消費税を納めなければならない会社になることは未来永劫ないといえます。設立から一貫して免税事業者のままです。

ただ、経費の支払先に対しては、一方的に消費税を支払うことになります。後でまとまった額の納税に追われる一般の会社と比べたら、苦痛はないと言ってもいいでしょう。

とは言っても、今後消費税の増税が予想されますので、ますます負担する一方となってしまいます。そこで、理論的には、前述の算式から次のようなことが成立することを確認してください。

・事業者が国に収める消費税額＝受け取った消費税額０円－支払った消費税額80円＝△80円

この場合、国に消費税を納めるのではなく、今まで仕方なく事業者に払っていた消費税分を国から返金してもらえるということです。ただし、何の苦労もなく、返金してもらえるわけではありません。所定の手続が必要になります。

あえて消費税納税免除の特典を返上する

所定の手続とは、書類を1枚提出するだけです。これで消費税の課税事業者になります。基本的に会社設立からの2年間は消費税の納税を免除されます。これは何も手続の必要はありません。最初からそう法律で定められているからです。

自ら進んで消費税納税免除の特典を放棄するときは、「消費税課税事業者選択届出書」を所轄税務署に提出する必要があります。原則として、免除を受けようとする事業年度が始まるまでにその届出書を提出しなければなりません。例外として、設立第1期から免除を受ける場合は、第1期の事業年度末までに提出しなければなりません。

消費税の課税事業者でなければ、支払った消費税を返金してもらえない

免税事業者は、消費税の納税義務がない代わりに、事業者に支払った消費税分を返金してもらうことができません。

課税事業者は、消費税の納税義務がある分、国民の負担分を超える消費税の支払分については返

金してもらうことができます。したがって、消費税の還付を望む場合には、課税事業者になる必要があります。

ただし、課税事業者でも、納める消費税額の計算方法に特例「簡易課税」を選択して、届けている場合には、返金してもらうことはできません。この制度はＦＸ法人が得する制度とは言えませんので、説明は割愛します。

消費税が課税されない経費をおさえる

経費のなかには、消費税が課税されるものと課税されないものがあります。課税される経費の支払いが多ければ、多いほど消費税の還付の額が大きくなります。

ここでは、代表的な消費税が課税されない経費をおさえておきましょう。

・税金全般、社会保険料、各種保険料、役員報酬・給与・賞与などの人件費
・渡し切り交際費、贈答用の商品券・プリペイドカード、ゴルフ場利用税
・社宅家賃

課税される経費の合計が税抜きで80万円あれば、消費税10％で８万円です。このくらいの規模の経費になると十分メリットを受けられると言えます。とくに有効な節税手段である高級車の購入にあわせて使うとよいでしょう。

8　一般社団法人を使った節税戦略

会社の財産も相続税の対象になる

優秀なＦＸトレーダー（役員兼株主）が主宰するＦＸ法人は、個人での高税率の超過累進税率を避け、経済的合理性を追求した結果、法人税を払うことを選択することになります。そうすると、法人という器に取引証拠金その他の財産が溜まっていくことになります。優秀なＦＸトレーダーですから、とっくに会社への貸付金も全額返済してもらっています。

こんな会社の状態でＦＸトレーダーの死亡により相続が発生した場合はどうなってしまうでしょうか。すると、その法人の株主が所有する株式（出資金）も相続財産になります。その株式（出資金）は、法人に溜まった財産価額を反映し、価値が増加しています。退職金を支払う分を考えると財産は減少するのですが、高額な役員死亡退職金は認められないリスクもありますから、どうしても法人に財産が残ってしまうことがあります。

つまり、優秀なＦＸトレーダーは、個人、法人を問わず財産を形成し、その財産は相続の対象になるので、相続税の問題が発生するのです。だからと言って、個人のままでトレードをしていたら、相続税対策は限られたものとなってしまいます。資産家が法人を使って相続税対策を行うのは常套手段です。

持分の有無

資本金（出資金）は株主の財産です。ところが、資本金という概念がないビークルが存在します。

資本金という概念がなければ、ビークル内に溜まった財産は誰のものでもありません。そのビークルが一般社団法人です。

一般社団法人には持分がないのです。株式会社は株式という形で持分があります。合同会社は出資金という形で持分があります。会社は株主のものというリーガルな理論が話題になったことがありますが、それは持分があっての話です。

相続が起こる前に一般社団法人を解散させてトクをする

株式会社の会社解散の場合、溜りに溜まった財産のうち資本金を超える部分の金額については、配当金として返金します。配当金は、配当所得として課税されます。

一般社団法人というのは、人の集合体に法人格を持たせたものです。人の集合、メンバーを一般社団法人では「社員」といいます。

一般社団法人が利益をだしても、株式会社の配当にあたる剰余金を分配することはできません。また、持分がないため、一般社団法人が解散するときも、分配を受ける権利は社員にも誰にもありません。

では、一般社団法人が解散する場合、溜りに溜まった財産の行方はどうなるのでしょうか。

法令によると、一般社団法人は、社員に剰余金または残余財産の分配を受ける権利を与える旨の定款の定めをすることはできないとあります。社員に渡すことはできないけれど、他の誰かに渡すことを定めておけば、それは認められます。ところが、定款に誰に渡すか定めがない場合には、社員総会の決議で決めることができます。

ここでどんでん返しがあります。そうすると最後の社員総会で社員に分配すると決議すれば、溜りに溜まった残余財産は、社員へと分配することができると解されています。

なお、この一般社団法人の清算分配金は、個人の所得課税において一時所得になるというのが大勢の見方です。

一時所得は、二分の一になって課税所得を構成します。

つまり、配当所得と比べて圧倒的に税負担が低いのです。税負担が低いゆえに、後から税務当局が後出しして、一時所得としない旨を明文化する恐れもあります。

9　LLPを使った節税戦略

LLPで法人口座

ネット上では、LLPでFXの法人口座を開いたという報告を見聞します。真偽はわかりませんが、利用可能性としてはアリです。

ＬＬＰ名義でＦＸ口座を開設できるとするならば、法人口座と同じ扱い、ハイレバレッジによるトレードが可能になります。

課税の繰り延べの効果がある

ＬＬＰはパススルー課税です。どういうことかと言うと、ＬＬＰというビークル段階では、課税が行われません。ビークルをスルーして直接ビークルの出資者(組合員)に課税が行われます。ビークルからいずれ出資者に金銭が分配されるのですから、受け渡し（パス）のタイミングで課税しようというものです。

ＬＬＰの場合、そのパスタイミングはＬＬＰの事業年度末とされています。したがって、ＬＬＰの組合員は、ＬＬＰの会計報告に基づき、自らの会計にＬＬＰの売上、費用を取り込みます。

ＬＬＰにも事業年度があります。個人の事業年度は12月と決まっていますが、法人は自由に決算期を決めることができました。ＬＬＰも自由に決算期を決めることができます。ですから、出資者とＬＬＰの事業年度は同じであることのほうが少ないのです。

期間がずれているのですから、ＬＬＰの会計報告、決算書からはもちろん、取引のすべてを記録する総勘定元帳から自社の会計期間に対応するＬＬＰの売上、各経費その他勘定科目の金額を掴むことは途方もないことになります。

したがって、そんな事務負担をさけるため、シンプルな方法が認められています。ＬＬＰの事業年度の末日の属する会計期間に取り込むことができるのです。

具体例のほうがわかりやすいと思います。説明の便宜上、分配割合は考慮しません。

・ＬＬＰの会計期間（平成30年４月１日～平成31年３月31日）ＦＸ利益１，０００万円、経費ゼロ
・ＬＬＰ組合員Ａの会計期間（平成30年１月１日～平成30年12月31日）個人で３月31日までのＦＸ利益３００万円、４月以降はＬＬＰでトレード
・ＬＬＰ組合員Ａの会計期間（平成31年１月１日～平成31年12月31日）個人名義でのトレードなし

右の例によると、ＬＬＰ組合員Ａの平成30年分の確定申告は、３００万円です。翌年平成31年分の確定申告では、ＬＬＰのＦＸ利益１，０００万円を計上することになります。

注目していただきたいのは、この例ですと１年間のＬＬＰの利益に対する課税が９か月遅れるということです。

パススルーによって決算・税務申告が行われるのが９か月後なのですから、平成30年分の税額計算においては、課税の繰り延べによる節税メリットが発生します。

課税の繰り延べは、通常お金の支出を伴いますが、この課税の繰り延べは、お金の支出がないという点が魅力です。

もちろん、この節税効果は最初の１回だけです。

ＦＸ利益の分配割合

ＬＬＰでは、原則として出資割合に応じ、損益の分配を受けることになります。例えば、ＬＬＰの利益1，０００万円、出資金の割合がＡ：Ｂ＝60％：40％であれば、Ａには６００万円を分配し、Ｂには４００万円を分配します。

出資割合とは異なる損益分配を行うこともできますが、経済的に合理性が求められます。本書ではシンプルに出資割合に応じて損益を分配するモデルを考えていきます。

ＬＬＰの出資者の属性による組み合わせメリット

最もシンプルなＬＬＰの出資者（組合員）の組み合わせを考えると、少なくとも２の組合員数が必要になり、次の３通りになります。

①　個人×個人
②　個人×法人
③　法人×法人

これらの組み合わせによるメリットは次のとおりです。

①　個人×個人の場合

それぞれ個人課税が適用されますが、通常個人のＦＸ取引ではありえないハイレバレッジのメリットを受けることができます。

② 個人×法人の場合

ＬＬＰへの出資割合を個人Ａ80％、法人Ｂ20％とし、トレードからＬＬＰ利益１，０００万が生じたものとします。説明の便宜上、ＬＬＰの経費はゼロとします。

法人Ｂについては、低額な役員給与、それに付随する低負担な社会保険料、生活インフラを法人の経費にしつつ、経費の合計とＦＸ利益が均衡するように法人税ゼロプランを指向します。

出資割合に応じたＬＬＰ分配金は、法人Ｂでは２００万円。これが収入になります。

仮に法人Ｂの経費が２００万円であれば、差引ゼロですので法人Ｂの法人税はゼロです。

一方で個人ＡはＬＬＰ分配金８００万円に対して20・３１５％の所得税、住民税が課されます。

このように、個人より法人の出資割合を小さくすることで、税務メリットを享受できます。

③ 法人×法人の場合

一見すると、個人と法人の税率差を利用できるわけではないし、メリットがないように思えます。

これは復習になります。

・法人が２つあれば、将来的に最も税金の安い退職金も２度もらえる

・法人税は課税所得が８００万円を超えると税負担が重くなるので、２つの法人に所得を分割でき

れば、800万円の枠内に収まりやすくなる

・2つの法人の決算期をずらしておくことによって、決算期が遅いほうの法人では、節税対策を考える時間の余裕が生まれる

LLPを使う場合の注意点

LLPに損失が発生し、その損失の額が出資金の額を超えてしまうこともあります。

その場合、LLP組合員の法人税、所得税の計算上考慮されるのは、出資金の額を限度とした損失までになります。ざっくりと押さえておけば十分です。正確には調整出資金といって、当初の出資金とは必ずしも一致するものではありません。

注意しなければならない点として、LLPへの出資金の拠出が少ないと、損失としても認められる金額が少なくなるということです。

著者略歴

古川　敬之（ふるかわ　たかゆき）

税理士。埼玉県出身。

明治大学農学部卒業。

古川敬之税理士事務所代表。

大学卒業後、会計事務所勤務を経て平成23年に独立。

埼玉県を中心として、ＦＸ投資、不動産投資を行うマイクロ法人に実践的な税金、キャッシュ・フローをコントロールするサービスを提供している。

また、ＬＬＰ、匿名組合などの組合会計、税務サービスを行っている。

ＦＸトレーダーのための法人活用

2016年7月22日 初版発行　　2022年9月21日 第4刷発行

著　者　古川　敬之 ©Takayuki　Furukawa
発行人　森　忠順
発行所　株式会社 セルバ出版
〒 113-0034
東京都文京区湯島 1 丁目 12 番 6 号 高関ビル 5 B
☎ 03（5812）1178　FAX 03（5812）1188
https://seluba.co.jp/
発　売　株式会社 創英社／三省堂書店
〒 101-0051
東京都千代田区神田神保町 1 丁目 1 番地
☎ 03（3291）2295　FAX 03（3292）7687

印刷・製本　株式会社 丸井工文社

Printed in JAPAN
ISBN978-4-86367-279-6